일의 기술
The Art of Work

일의 기술
The Art of Work

초판	1쇄 인쇄 2016년 3월 18일
	1쇄 발행 2016년 3월 23일
지은이	제프 고인스
옮긴이	윤종석
발행인	김혜정
디자인	홍시 송민기
기획위원	김건주
마케팅	윤여근, 정은희
제작	조정규
발행처	도서출판 CUP
출판신고	제 2014-000035호
주소	(04374) 서울특별시 용산구 이촌로 2가길 5 A동 103호(이촌동, 한강르네상스빌)
전화	02)745-7231
팩스	02)6455-3114
이메일	cupmanse@gmail.com
홈페이지	www.cupbooks.com
ISBN	978-09 88042-73-1 03320 Printed in Korea

* 파손된 책은 구입하신 서점에서 교환해 드리며 책값은 뒤표지에 있습니다.

일의 기술

The Art of Work

제프 고인스 지음 | 윤종석 옮김

일에 의한 삶이 아니라 삶을 위한 일의 기술
일의 기술이라 쓰고 삶의 기술이라 읽는다

A PROVEN PATH to DISCOVERING
WHAT YOU WERE MEANT TO DO

THE
ART
OF
WORK

CUP

누구에게나 삶은 소중하다. 그리고 어렵기도 하다. 과연 내 삶은 무엇인지, 무엇이어야 하는지, 무엇을 해야 하는지 또렷하게 아는 것은 힘들다. 어쩌면 평생을 그것을 깨달으며 사는 건지도 모른다. 게다가 현재와 미래의 삶은 이전의 삶과 너무 다르다. 그리고 평생 한 가지 일 또는 직업만 갖고 사는 게 아니라 앞으로는 적어도 여섯 번의 일을 바꾸며 살아가야 할 것이라고 미래학자들은 전망한다. 그런 점에서 어떤 일을 해야 하는지, 어떻게 살아가야 하는지의 문제는 모두에게 심각하고 중요하다.

이 책은 "무엇을 하고 싶은지 우리 삶에게 말하려면 먼저 우리 삶의 말부터 들어야 한다"고 말한다. 좋은 수입과 평판에 의한 일과 삶이 아니라 진정 내가 원하고 바라는 삶을 먼저 읽어내야 한다. 소명은 밖에서 혹은 하늘에서 던지는 명령도 강령도 아니다. 내가 진정 바라는 삶을 인식하는 것이 소명의 핵심이다. 그래야 열정이 저절로 생긴다. 열정은 단순히 일에 파묻혀 열심히 하는 것만을 의미하는 것이 아니다. 또한, 이 책은 '공동체 정신'을 강조한다. 나의 일이 나만의 삶이 아니고 공동체적 가치를 추구할 때 가치와 의미가 있게 된다. 그것이 바로 우리가 사회적 삶을 살아야 하는 명제다.

그런 점에서 이 책은 단순한 자기계발서류가 아니다. 달달한 행복론도 아니다. 그보다는 오히려 치열하고 냉정하게 자신의 삶을 성찰하고 공동체적 가치를 추구하는 삶의 지침서라고 할 수 있다. 이 책의 미덕은 다양한 사례들이 풍부하다는 점이다. 그러나 그 사례들에서 주의해야 할 점은 그것들이 대부분 결과론적이어서 과정의 난관이나 갈등이 상대적으로 과소평가될 수 있다는 사실이다. 물론 그것들이 전혀 무시되거나 간과되는 것은 아니지만 그래도 결과는 거의 해피엔딩이기 때문에 자꾸만 거기에 눈길이 가는 게 사실이다. 그렇게 결과에 함몰되어 과정의 삶을 제대로 읽어내지 못한다면 이 책은 자칫 독이 될 수도 있다. 어설픈 선망이나 근거 없는 자신감을 가져서는 안 된다. 그 과정에서 일어날 수 있는 여러 문제도 동시에 읽어내면서 그것을 나는 어떻게 극복해낼 수 있을지 세심하게 읽어야 할 것이다. 그렇게 된다면 이 책에서 예시하고 있는 다양한 사례들은 두고두고 좋은 등대가 될 것이다. 이 가운데 하나의 삶을 선택하는 것이 아니다. 그 까닭은 두 가지다. 하나는, 삶이란 하나의 직선으로만 내달리는 게 아니라 씨줄과 날줄, 곡선과 직선, 뿌리와 줄기와 잎 등 복합적으로 이뤄진 신비한 총체이기 때문이다. 따라서 각각의 장에서 제시하는 지침이나 사례는 독립된 것이 아니라 다른 것들과 맥락적으로 이어지며 내 삶 또한 그래야 한다는 자각이 필수적이다. 또 다른 하나는, 앞에서 이미 잠깐 언급했지만, 우리 삶은 결코 'one term life'가 아니라는 점에서 그렇다. 미래의 삶은 여러 직업과 일을 거치며 살게 될 것이다. 따라서 늘 내 삶 전체의 로드맵을 구상해야 하고 그때마다 신중하고 면밀하게 살펴야 한다. 무엇보다 내 삶이 진화하는 방향으로 설정되어야 한다. 그런 점에서 이 책은 지금의 우리에게 좋은 벗이 될 것이다.

누구에게나 삶은 녹록하지 않다. 현재의 위기상황에서는 더더욱 그렇다. 그러나 그럴수록 내 삶에 충실하고 내 삶의 주인이 되어야 한다. 위기는 언젠가는 사라진다. 내 삶은 창창하다. 포기할 수도 없고 포기해서도 안 된다. 굳건하게 나를 찾고 의미와 가치를 심으며, 당당한 나무로 성장해야 한다. 온갖 어려움도 내 삶을 꺾을 수는 없다. 왜냐하면, 내 삶의 주인은 바로 나 자신이며 나는 진화하는 삶의 주체이기 때문이다. 어설픈 격려나 달달하기만 한 희망이 아니라 농밀하게 자신의 삶을 살아야 하고 그 바탕에 소명을 간직할 때 열정도 믿음도 자라날 것이다.

이 책은 바로 그런 힘을 우리에게 전해준다.

김경집 인문학자, 작가, 「인문학은 밥이다」 「생각의 융합」 「고장난 저울」 저자 오랜만에 참 좋은 책을 만났다. 어떻게 하면 내가 좋아하는 일을 찾고, 가슴 뛰는 삶을 만들어갈 수 있을까? 이는 우리가 진행하고 있는 〈인생학교〉에서 꿈꾸는 일이기도 하다.

이 책은 인생과 일에 대한 개념을 새롭게 보게 한다. 저자는 모든 사람이 독특한 자기만의 천직을 가지고 있으며, 열정을 다해 삶에 직면할 때 최고의 인생을 살 수 있다고 말한다. 자신만의 천직을 발견하는 구체적인 방법과 비결을 제시하기도 한다. 책을 읽다 보면 인생이라는 여행길이 얼마나 즐겁고 설레는 모험으로 가득한지 알게 된다.

쉬워 보였던 삶이 수많은 물음표로 가득 차거나 활화산 같던 열정이 시들해진 분, 더 큰 꿈을 찾아 떠나고자 하는 분들에게 꼭 이 책을 추천하고 싶다. 이 책이 당신 삶의 구원투수가 되어 줄 것이라 확신한다.

손미나 작가, 인생학교 서울 교장, 허핑턴포스트코리아 편집인,
「파리에선 그대가 꽃이다」 「다시 가슴이 뜨거워져라」 저자

내 동료들에게 딱 한 장만 권해야 한다면 6장 "포트폴리오 인생을 꿈꾸라"를 권하고 싶다. 바로 그거다! 그 장의 내용을 미리 밝히지는 않겠지만, 덕분에 나는 평생 어렴풋이 알았던, 그러면서도 변명으로 일관했던 나 자신의 특정한 면을 받아들이고 나 다워질 수 있었다! 나는 포트폴리오 인생을 살고 있다. 아무도 나를 인습적 지혜로 되돌아가게 할 수 없다. 제프 덕분이다. 뭔가 일을 벌이려는 평생의 학습자, 창의적 정신, 불안한 영혼을 위한 필독서다!

캐리 윌커슨 *The Barefoot Executive* 저자, carriewilkerson.com

미국 아마존에서 이 책을 들여다보고 깜짝 놀랐다. 519명의 독자가 댓글을 달았고, 그 중 96%가 최고점을 준 책 *The Art of Work*! 그런데 이 책을 읽어보면 독자들이 최고의 점수를 준 까닭을 곧 알게 된다.

나는 이 책을 읽으면서 내가 지금까지 걸어온 길을 뒤돌아보게 되었다. 그리고 앞으로 가야 할 길, 가고 싶은 길에 대해 더 진지하게 고민하게 되었다. 모든 연령의 사람들이 이 책을 읽고 도전 받을 것이다. 20대는 앞으로 가야 할 길에 대한 가이드를 얻을 것이고, 이미 안정된 직장과 직업을 가지고 있는 중년 및 이후의 사람들은 인생을 어떻게 의미 있고 행복하게 살 것인가 진지한 고민거리와 거룩한 부담감을 얻을 것이다.

"소명을 찾으려 하지 말라. 계속 발품을 팔며 탐험하고 새로운 일을 시도하라. 그러면 뭔가가 당신을 붙잡을 것이다. 당신을 부를 것이다."

"한때 나는 소명을 세상에서 선을 행하는 것으로 생각했다. 이제는 소명의 관건이 선한 사람이 되는 것임을, 그리고 그 선으로 주변 세상에 영향을 미치는 것임을 안다."

"우리가 찾으려는 소명은 단지 활동이 아닌 정체다. 자신이 누구인지 아는 것이다."

"인생을 잘 살면 삶이 곧 소명이 되고 당신의 인생은 걸작이 된다."

"천직은 하나의 명작이 아니라 인생 전체라는 걸작이다."

이 책을 읽으면서 얼마나 많은 부분에 공감하며 밑줄을 그었는지! 「일의 기술」을 읽는 이들은 아마존에 리뷰를 남긴 이들처럼 동일한 감동에 젖어들 것이다. 그리고 새로운 문을 열려고 문고리를 잡게 될 것이다.

크리스 조 백석예술대학교 교수, 「라이프 업 Life Up」 저자

제프 고인스는 당신의 진정한 소명을 발견하고 숙련하는 작업에서 신비를 벗겨낸다. 현실과 맞물려 있는 튼실한 내용으로 삶에 한없는 용기를 준다.

크리스 더커 *Virtual Freedom* 저자

소명과 직업에 관한 책은 언제부터인가 읽지 않았다. 판에 박힌 듯한 원론, 그래서 복잡하고 구체적인 인생의 갈림길에 빛이 되지 못하는 피상적 내용이 싫어서였다. "도대체 당신이 인생을 아시오?" 그런 불평과 함께... 2003년이었다. 13년간 교사로 살다가 좋은교사운동이라는 교사단체를 책임지기 위해 정든 학교를 퇴직할 때에도, 아니 그 이전 무려 6년간 끙끙대며 새 길을 고민할 때에도 나는 그 어떤 책의 도움을 받은 적이 없다. "당신에게 맞는 소명을 발견하려면 지금 하는 일에 최선을 다하면 찾을 수 있다"는 우찌무라 간죠의 책 한 구절 정도만 내 마음 속에 남아 있을 뿐이었다. 그러다가 제프 고인스의 이 책을 읽고 깜짝 놀랐다. 한 줄 한 줄 허투루 읽을 수 없는 보석과 같이 귀한 글들. 저자 한 사람 경험을 토대로 일반화시킨 추상적 원칙들이 아니었다. 결코 비범하다 말할 수 없는 평범한 사람들의 직업 선택 이야기를 살피고 그 속에서 원칙과 통찰을 찾아낸 그런, 집단 경험의 변주곡 같은 책이었다. 읽어보니, 비로소 선생으로 살다가 교직을 그만두고 여기까지 모험으로 달려온 내 긴 여정의 의미도 재해석되었다.

나는 이 책을 내 아내에게도 권하고 싶다. 12년 전 아내는 교직을 그만 두고 새 일을 하겠다는 나를 두고 기도하고 고민하면서 결국 지지하는 자리에 서기로 했다. 마음 고생이 심했을 것이다. 그런데 어쩐 일인지 아내 또한 10년 간 머물던 안정적인 직장을 그만두고 최근 새 길을 가기로 결정했다. 본성과 다른 선택을 한 것이라 오랜동안 두려움 끝에 결정한 모험이었다. 아내 역시 그 선택의 과정에서 책들의 도움을 받지 못했다. 그러나 이 책이면 자기가 선택한 과정이 잘된 결정이었음을, 내 아내 또한 확인하고 위로를 얻을 것임에 틀림없다.

오랜만에 귀한 책을 만났다. 어찌 '헬조선'의 우리나라 상황을 알지 못하는 외국 사람이 쓴 안이한 책이라고, 폄훼할 것인가. 머물고 떠남을 결정하는 원칙은 어디나 다를 것 없다.

송인수 사교육걱정없는세상 공동대표, 「우리는 아이들에게 모두 빚진 사람들이다」 「꿈이 있는 공부(공저)」 「하고 싶은 일 해, 굶지 않아(공저)」 저자 관점이 다르면 해석도 다를 수밖에 없다. 서른다섯을 지날 때까지 "한 우물을 파야지"라는 말을 참 많이 들었다. 염려와 애정이 교차하는 뉘앙스로 던져지는 말이었다. 그런데 서서히 그 말이 줄어들더니 "여러 영역을 경험하고 학습하는 것이 어렵지 않았어요? 비결이 무엇이었나요?"라는 질문을 자주 듣게 되었다. 그리곤 '하이브리드 지식인'이란 생소하고 낯선 별명이 따라다니기 시작했다. 삶의 질문에 답을 찾기 위해 이런저런 노력을 하는 모습이 목표나 방향 없이 동분서주하는 것으로 보였던 것 같다. 그러다 어느 지점을 통과하면서 나의 모습에 대한 해석이 달려졌다. 그 까닭을 이 책을 통해 확인할 수 있었다.

"소명은 딱 한 가지가 아니다. 당신의 직업만이 아니라 인생 전체를 아우르는 포트폴리오다."

사실 나는 줄곧 소명을 좇아 열심히 달려왔다. 그런데 주변의 평가는 한 가지 일에 집중하지 못한다는 것이었다. 소명을 바라보는 관점이 달라서 생긴 간격이었다. 우리에게는 소명과 직업, 인생에 관한 관점을 조율하고, 그렇게 조율된 관점으로 자신을 평가하는 과정이 반드시 필요하다. 이 책을 읽는 동안 내가 경험했듯이 이 '조율의 과정'을 모든 분이 경험하기를 기대한다. 예전과 달리 백 세 인생을 사는 시대다. 소명과 직업, 인생을 거듭 조율하며 살아야 한다. 자신을 소중히 여긴다면 반드시 이 책을 읽고 담긴 지혜를 자신의 것으로 삼기를 강력하게 추천하고 싶다.

김건주 한국변화경제연구소 소장, 문화기획자, 목사
「지금 당신의 인생엔 어떤 예수가 계십니까?」「2030 기회의 대이동(공저)」 저자

출근할 때마다 마지못해서가 아니라 스스로 원해서 한다면 기분이 어떨까? 제프 고인스가 이 책에 그 방법을 보여 준다. 당신만의 본연의 삶으로 이끌어 줄 실생활의 보물지도다.

크리스 길아보 〈뉴욕 타임즈〉 선정 베스트셀러 작가, 「100달러로 세상에 뛰어들어라」(명진출판사) 저자

"우리의 소명은 선한 일을 하는 것이 아니라, 선한 존재가 되어 주변에 선한 영향력을 끼치는 것이다." 흔히 소명을 다루는 많은 책들이 소명을 특별한 업적에서 찾지만, 제프 고인스는 평범한 일상을 살아가는 자신의 존재 속에 소명이 있음을 일상적인 언어로 조용히 설득한다. 소명은 어떤 특별한 것이 아니라 우리가 우리 자신의 원래 모습대로 살아가는 과정에 있다.

내 삶의 경험 또한 그렇다. 내가 신문사 기자를 그만두고 신학 공부를 하러 떠날 때, 사람들은 나에게 "소명을 받았다"고 말했다. 지금도 사람들은 나를 처음 만나면 나의 급진적인 전환에 대해 궁금해 한다. 무려 15년이 지났는데 나는 지금도 왜 신문 기자에서 목사가 되었는지를 설명해야 한다. 사람들은 일반적으로 이 정도의 드라마틱한 변화가 있어야 소명을 받았다고 말한다.

그런데 내 인생의 전환은 갑작스럽게 하늘의 음성을 듣거나, 어떤 집회에서 성령의 불을 받거나, 뜻하지 않은 사람과의 만남을 통해 이뤄진 것이 아니라 아주 서서히 오랜 시간에 걸쳐 이뤄졌다. 우리 삶은 일상 속에서 만나는 뜻밖의 사람들 또는 사건으로 인해 의도하지 않은 변화를 겪기 일쑤다. 고인스가 지적한 대로 인생은 결코 특별한 기획이나 프로젝트가 아니라 수많은 사람들과의 관계 속에서 미래를 알 수 없는 여정을 걸어가는 것이다. 이 여정에서 우리는 우리 자신의 '욕망'을 '소명'으로 착각하기도 한다. 성공을 향해 달려가는 현대인의 조급증 때문이다. 고인스는 정확하게 이 점을 지적한다. 소명이란 하늘로부터 특별한 시간에 특별한 방법으로 '받는' 것이 아니라, 이미 우리에게 주어진 삶을 '발견하는' 것으로 방향을 전환할 것을 저자는 요청한다.

고인스는 평범하거나 뛰어난 '소명의 사람들'의 이야기를 자신의 논지에 활용하는 기술이 탁월하다. 또한 저자의 삶과 탁월한 글 솜씨를 통해 저자 자신의 소명을 설명하기에 더욱 설득력이 있다. 직장을 구하고 있는 청년들에게는 큰 그림을, 직장을 옮기고 싶어 하는 직장인들에게는 분별력을, 은퇴를 앞두고 있는 사람들에게는 위로를, 은퇴 후 남은 생을 설계하는 분들에게는 소망을 주는 유익한 책이다.

이효재 목사, 일터신학자

일과 그 일을 하는 방식을 다르게 생각하게 하는 책이다. 제프 고인스는 모방자들이 넘쳐나는 분야의 젊고 참신한 목소리다. 우리의 일을 캔버스를 대하듯 치열한 훈련을 통해 섬세하게 대하라고 도전한다. 독자들은 이 책을 읽고 오래오래 유익을 누릴 것이다.

스티븐 프레스필드 「최고의 나를 꺼내라」(북북서)의 베스트셀러 작가

당신 자신과 당신의 삶을 위해 올해 꼭 읽어야 할, 솔직하고, 직설적이며, 관대한 책 중 하나다. 쓰는 데 용기를 냈던 만큼, 읽는 이에게 큰 용기를 줄 책이다. 도약하라!

세스 고딘 「보랏빛 소가 온다」(재인)의 베스트셀러 작가

일의 분야와 일이 우리 삶에서 차지하는 역할은 사상 유례가 없을 정도로 다양해졌다. 그런데 수많은 사람이 교착상태에 빠져 있다. 선택의 폭이 워낙 넓다 보니 자신이 정말 무엇을 원하는지, 어디서부터 시작해야 할지 몰라 쩔쩔맨다. 이 책은 소명을 분별하고 실력을 숙련하고 영향력을 극대화하는 틀을 제시한다. 믿을 만한 길잡이가 내놓은 기대하던 설계도다.

마이클 하얏트 〈뉴욕 타임스〉 선정 베스트셀러 작가, 토머스 넬슨 출판사의 전 CEO

진품이다. 정말 중요한 것이 무엇이며 그것을 어떻게 당신의 내면에서 세상 밖으로 끌어낼 것인지를 설득력 있게 파헤친 책이다. 당신이 바라던 실마리를 풀어 주고 거기서부터 당신을 새로운 차원으로 이끌어 줄 것이다. 숙독하라.

크리스 브로건 〈뉴욕 타임스〉 선정 베스트 작가, 「구글 플러스를 활용한 소셜 비스니스 마케팅」(에이콘) 저자

"모든 성공담은 사실 공동체의 이야기다." 이런 문구들과 그 배후의 강력한 진리 때문에 나는 제프 고인스 책의 열렬한 팬이다. 이 책을 읽다 보면 일기장을 읽는 것 같다. 제프는 누구나 속으로 의문을 품어 보는 생각들을 명확히 말로 표현하는 재주가 있다.

우리 마음은 의미 있는 소명과 맞닿기를 갈망한다. 그 소명의 목소리를 듣고 '오래 신은 신발'처럼 느껴지는 일에 뛰어드는 과정이 이 책에 소개된다. 온전히 살아 있는 생동감 있는 인생을 원한다면 누구나 꼭 읽어야 할 책이다.

이 책은 불가능에 가까운 일을 해냈다. 소명을 발견하는 지침을 명확하고 적절하고 유익하게 제시하면서도 읽기에 더할 나위 없이 즐겁다. "내 인생에서 내가 할 일이 무엇인가?"를 묻는 모든 사람의 필독서다.

인생에 격려와 용기와 의미를 주는 책이다. 아무리 권해도 지나치지 않다. 내가 읽어온 책 중, 인생의 목적을 발견하게 하는 최고의 책 중 하나다. 인생에 무엇을 해야 할지 고민한 적이 있다면 지금 이 책을 들고 읽으라.

독자평

내 인생의 진정한 열정의 대상을 찾아내고 가꾸는 법에 대한 실제적이고 감동적인 처방이다. 나의 소명으로 세상에 아름답게 기여하게 해준다. 평범한 사람들의 이야기가 많이 나오는데 그들은 가장 큰 걸림돌인 두려움을 극복하고 자신의 소명에 충실했을 때 진정으로 살아날 수 있었다. 꿈의 추구에 대한 나의 관점을 영원히 바꾸어 놓은 책이다.

제니퍼 Jennifer

내가 정말 좋은 책이라 생각하고 즐기는 몇 가지 단순한 기준이 있다. 책이 끝나는 게 싫다. 다시 읽고 싶고 정말 다시 읽게 된다. 그리고 내 마음에 감동을 주고 분명 다른 사람들의 마음에도 감동을 줄 책이다. 이 책은 그 모든 기준을 충족시킨다.

브라이언 Bryan

삶이 꽉 막힌 것처럼 느껴진다면 이 책을 읽으라. 저자는 소명의 개념을 다시 생각하게 하면서 이미 나에게 소명이 있음을 일깨워 주며, 그 소명이 무엇인지 찾아내는 실제적 지침을 제시한다. 그리하여 당신이 다시 일어나 비상하도록 도울 책이다.

브랜디 Brandi

최선의 인생을 살도록 의욕을 불러일으키는 감동이 넘치는 책이다. 선뜻 엄두가 안 나는 사람도 '한 걸음씩 내딛으라'는 제프의 지도에 힘입어 해낼 수 있다. 당신만의 인생을 가꾸고 싶은가? 지금 시도하라!

키미 Kimi

CONTENTS

가슴 뛰는
인생을 위한
PART One
준비

가슴 뛰는
인생을 위한
실행
**PART
Two**

PART Three

저자서문

"드문 일이 벌어졌군."

친구 마크(Mark)가 말했다. 평생 가장 중대한 결정 중 하나를 내리기 직전이었다. 하던 일을 그만두고 전업 작가가 되기로 했다. 마지막 출근일은 나의 생일이기도 해서 이래저래 뜻 깊은 날이 되었다. 하지만 그날보다 더 의미 있었던 것은 거기까지 가는 과정이었다.

어떻게 그런 결정에 이르렀느냐고 묻는다면 일목요연한 답을 내놓기가 힘들다. 소명을 찾는 경험은 신비롭고도 실제적인 일이다. 노력이 필요하지만 때로는 그냥 벌어지는 것처럼 보인다. 그 길을 찾는 과정에서 깨달은 것이 있다. 목적을 찾는 일은 계획이라기보다 길이다. 예상치도 못했던 반전과 굴곡이 찾아온다. 결국, 그런 뜻밖의 일들이 우리를 숙명의 자리로 이끈다. 거기가 종착지인 줄 알고 도착해 보면 여정의 한 구간일 뿐임을 발견한다.

이 책은 그 길을 묘사한 것이다.

그 길을 헤쳐 나가는 단계들도 함께 담았다.

사람은 누구나 목적을 찾는다. 자신의 가장 깊은 갈망을 채워 줄 뭔가를 찾는다. 그 "뭔가"가 바로 소명이다. 소명이란 천직이나 평생의 일이란 표현과 같은 의미다. 소명이란 우리가 세상에 태어난 이유다.

이 책에 처음 손댈 때만 해도 꿈을 추구하는 과정이 무엇인지 안다고 생각했다. 하지만 뜻밖의 사실에 부딪쳤다. 소명을 발견하는 과정이 그리 단순하지 않았다. 사람마다 여정이 달랐다. 하지만 일관되게 등장하는 공통된 주제들이 있었다. 그 주제들을 보면 하나의 틀이 나오고, 그 틀을 통해 각자의 천직을 좀 더 잘 이해할 수 있다.

"나에게 벌어진 일이 드문 일이 아니라면?"

"누구에게나 주어진 소명이 있다면?"

그 질문이 나를 이 여정에 오르게 했다. 이 책에는 직접 인터뷰한 사람들을 포함해 여러 이야기가 나온다. 이미 들어 본 이야기도 있을 것이다. 그들은 비범한 사람들이 아니다. 전형적인 성공 사례들도 아니다. 일부러 그렇게 했다. 이 평범해 보이는 사연들을 통해 우리는 자신의 이야기를 좀 더 잘 이해하게 될 것이다. 자신의 이야기가 평범하게 느껴져 마음에 들지 않을 때가 많았을 것이다. 일부 독자들은 이 책의 주관성에 실망할지도 모른다. 하지만 우리네 삶이란 원래 그렇다. 인생에 관한 이야기는 연구 과제나 서평이 아니라 일화나 감정이다. 각각의 경험 속에 다른 식으로는 얻기 힘든 진리가 들어 있다. 이 이야기들이 사실적 정보와는 달리 당신과 잘 통하기를 바란다. 읽으면서 당신도 변화되기를 바란다.

이 책은 의도와는 달라졌지만 결국 내가 써야 할 책이었다. 소명도 그와 같다. 소명은 생각하지 못했던 무엇이다. 나머지 모든 것을 하나로 통합하는 구성상의 반전이다. 신기하게도 결국은 그것 외에 다른 것을 상상할 수 없다. 이 책을 쓰면서 나는 목적과 천직이 서로 돕는 방식을 이해하게 되었다. 당신에게도 이 책이 똑같은 역할을 해주었으면 좋겠다.

암에도 굴하지 않은 철인 3종경기 선수

청함(부름)을 받은 자는 많되
택함을 입은 자는 적으니라.

―마태복음 22:14

소명이란 정성 들여 짠 계획이 아니라
그 계획이 완전히 틀어질 때 남는 무엇이다.

　2000년 6월의 어느 저녁에 에릭 밀러(Eric Miller)는 회사의 회의를 빼먹고 다섯 살 난 아들의 티볼(공을 티에 올려놓고 치는 변형 야구―역주) 경기를 보러 갔다. 경기 중에 에릭과 아내 낸시(Nancy)는 어린 개럿(Garrett)이 공을 티에 잘 올려놓지 못하고, 몸의 균형도 잘 잡지 못하는 것을 발견하고, 걱정이 되어 아들을 의사에게 데려갔다. 의사는 곧바로 CT 촬영을 시작했다. 의료 전문인들이 말하는 "조용한 방"에서 기다리라는 말을 듣고 에릭은 뭔가 문제가 있음을 알았다. 간호사인 그는 그 방의 목적을 알고 있다. 그곳은 환자나 보호자들이 나쁜 소식, 때론 끔찍한 소식을 받으러 가는 곳이다. 시간은 저녁 6시였다.[1]

11시 30분, 개릿은 콜로라도 주 덴버의 아동병원에 입원해 곧바로 수술을 받았다. 이튿날인 6월 24일 아침, 다섯 살 난 소년의 후두부에서 골프공만한 크기의 종양이 제거되었다. 수모세포종(髓母細胞腫)이라는 진단이 떨어졌다. 에릭은 그게 어떤 아이도 알아서는 안 되는 단어라고 했다.[2] 수술 후 개릿은 시력과 언어 능력을 잃고 몸이 마비되었다. 인공호흡 장치를 매단 그는 걷는 법과 말하는 법과 대소변을 보는 법을 다시 배워야 했다. 기적적으로 그런 기능을 다 되찾는다 해도 이후 5년 동안 생존할 가능성은 50%밖에 되지 않았다.

밀러 부부는 아들과 함께 보낼 수 있는 남은 날을 세기 시작했다.

어느 날 에릭은 암 치료 중인 아들을 바라보다가 개릿의 시간이 다 되어 가고 있다는 생각을 했다. 그런데 어린 아들에게 닥친 도전과 그로 인한 염려 속에서 문득 계시처럼 뭔가를 깨달았다. "항상 사람들의 시간이 다 되어 가는" 의료계에 종사하는 에릭은 자기 생각이 틀렸음을 깨달았다. 당장에라도 끝날 수 있는 건 에릭의 삶만이 아니다. 우리 모든 인간의 삶이 그렇다. 밀러 가족 중 어떤 사람도 개릿보다 오래 산다는 보장은 없었다.

"우리는 남은 시간 동안 삶의 모든 순간을 살아야 했습니다." 에릭이 나에게 말했다.

"우리 중 누구도 한두 시간 후에 살아 있으리라는 보장이 없으니까요." 남은 시간이 얼마이든 밀러 가족은 그 삶을 최대한 누려야 했다.

개릿이 중환자실에서 나와 인공호흡 장치를 뗀 뒤로 에릭은 세상에 자신의 심정을 알아줄 사람이 있을까 싶었다. 가족에게 남아 있던 얼마 안 되는 희망마저 절망이 짓밟으려 위협하고 있었다. 그는 병실 창가에 앉아 그 절망을 이길 답을 달라고 기도했다.[3] 그즈음 그는 매트 킹(Matt King)의 이야기를 접했다. IBM의 엔지니어이자 세계적으로 유명한 2인승 사이클 선수인 매트 킹은 시각 장애인이다.[4]

그해 가을 에릭은 인근의 사이클 대회에 아들을 데려가 매트 킹을 만나게 해주었다. 개럿은 2인승 자전거에 올라앉아 손으로 핸들도 쥐어 보고 발밑의 페달도 느껴 보았다. 개럿에게 반짝하고 불이 켜지던 날이었다. 그 뒤로 그는 자전거를 다시 타기로 했다. 그때는 본인도 몰랐고 에릭도 몰랐지만, 그렇게 시작된 과정이 장차 그들의 삶뿐 아니라 수많은 사람의 삶을 바꾸어 놓았다.

몇 달 후 개럿은 엄마에게 자전거를 타고 싶다고 말했다. 엄마는 긴가민가했지만 아이는 졸랐다. 그때는 그의 시력이 조금 회복되어 있었다. 조금이나마 걸을 수도 있었다. 개럿은 엄마의 도움으로 옛 자전거의 페달을 다시 밟았다. 처음에는 발동작이 서툴러 엄마가 함께 달려가며 균형을 잡아 주었다. 하지만 금세 엄마가 쫓아갈 수 없을 만큼 속도가 빨라졌다. 엄마의 손에서 벗어난 그는 암에 지배당하기 전에 몸이 알았던 자유를 잠깐이나마 경험했다. 바로 그날 에릭은 아들과 함께 타려고 2인승 자전거를 새로 사 왔다.

그로부터 6개월이 지난 2001년 6월 24일, 1년 동안 방사선치료와 화학치료를 받은 여섯 살 난 개럿은 난생처음 철인3종경기 결승선을 통과했다. 아빠가 뒤에서 휠체어를 밀며 달렸다. 첫 수술을 받고 장애인이 된지 딱 1년 되던 날이었다.[5] 그동안 수많은 난관을 견뎌낸 부자 2인조에게 이 경기는 세상을 향한, 그리고 자신들을 향한 선언이었다. 작은 종양 하나 때문에 삶을 포기하거나 삶 자체의 즐거움을 놓칠 수 없다는 의지의 표출이었다. 부모의 주선으로 임상치료를 받은 덕분에 개럿의 생존율도 이제 90%로 높아졌다.

그때가 14년 전이었다.

오래전 첫 수술의 여파로 지체 장애인이 될 뻔했던 개럿은 그 뒤로 아빠와 함께 3종경기를 열두 번도 더 완주했다. 한번은 단독으로 완주했다. 그의 시력은 완전히 회복되지는 않았지만, 물체와 모양을 흐릿하게 볼 수 있는 정도는 되었다. 여전히 법적으로 시각 장애인인 그가 의사들이 불가능하다고 했던 일들을 해내고 있다. 그는 걸어 다니는 기적이라 해도 과언이 아니다.

―――――※―――――

이 책의 주제는 기적이 아니라 소명을 찾는 것이다. 우리의 천직이 무엇인지 발견하는 것이다. 소명이란 우리가 하지 않을 수 없는 일이다. "내 인생으로 무엇을 할 것인가?"라는 해묵은 물음에 대한 답이다.

꿈의 직장을 찾는 법이나 전문가가 되는 법에 대한 책들이 있다. 이 책은 그런 책은 아니다. 이 책의 주제는 천직이다. 이 단어의 의미는 원래의 정의와 아주 달라졌다. 천직(vocation)이란 말의 라틴어 어근인 vocare는 "부르다"라는 뜻이다. 본래 이 단어는 사제직으로 부름받는 것처럼 종교적 의미로 쓰였다. 오랜 세월 동안 사람들은 그렇게만 생각했다. 소명을 엘리트층 사람들, 즉 복이 많아 부름받은 특별한 소수에게만 국한된 것으로 알았다.

하지만 그게 사실이 아니라면 어찌할 것인가? 소명이란 것이 누구에게나 있다면 어찌할 것인가?

이 책에 되살려낼 고대의 직업관에 따르면 천직이란 본래 일자리 이상이다. 평범한 사람들의 이야기를 통해 나는 소명에 대한 우리의 생각이 다분히 틀렸음을 증명할 것이다. 그나마 우리가 소명에 대해 생각이나 한다면 말이다. 의미 있는 일에 도달하는 길이 매번 정성 들여 짠 계획처럼 보이는 것은 아니다. 우리의 목적을 찾는 길은 때로 혼란스러운 경험이다. 무슨 일이 벌어지느냐보다 어떻게 반응하느냐가 더 중요하다.

각 장에 나오는 서로 다른 사람의 이야기는 소명의 일곱 단계인 중요한 개념들을 하나씩 예시해 준다. 이야기는 모두 다르지만 한 가지 비슷한 점이 있다. 누구나 자신이 발견한 소명에 어떤 식으로든 놀랐다는 것이다. 내 생각에 요즘은 이런 이야기를 들을 기회가 많지 않다. 우리 각자의 여정을 더 잘 이해하는 데 도움이 될 만한 이야기인데 말이다. 암세포를 이기고 철인3종경기에 출전한 다섯 날 난 소년의 이야기보다 그것을 더 잘 보여 주는 게 무엇이겠는가?

개럿 러시-밀러(Garrett Rush-Miller)는 18년을 사는 동안 철인3종경기의 절반을 완수했고, 페루의 마추픽추를 등정했고, 이글스카우트 계급(21개 이상의 공로 기장을 받은 최우수 보이스카우트 단원-역주)을 획득했다. 학교에 있거나 인근 체육관에서 등반을 연습할 때가 아니면 그는 참전용사들을 지원하고 격려하는 구호단체인 '상처를 입은 용사들'에서 자원봉사하며 자유 시간을 보낸다. 이 글을 쓰는 현재 그는 고등학교 졸업을 준비 중이며 무엇보다 여자친구를 사귀기 원한다.

에릭이 이메일로 내게 아들의 사연이 실린 뉴스 기사들을 보내왔을 때 나는 즉시 전화를 걸었다. 개럿의 점심시간에 두 사람과 통화하면서 그들의 긍정적인 모습에 놀랐다. 그들의 이야기에서 중요한 것은 관점이었다. 그들의 이야기는 신분 상승의 성공담이나 범접할 수 없는 신령한 체험담이 아니다. 물론 감동적이지만 매우 실제적이었다. 그들은 그저 이겨내려 했고 시종 삶의 의미를 이해하려 했다. 그런 이야기라면 나도 공감할 수 있었다.

나는 개럿에게 만일 그날 공이 티에서 자꾸 떨어지지 않았다면 즉 뇌종양이 없어 64주간의 화학치료를 받을 필요가 없었다면 지금쯤 삶이 어떻게 되었을지 생각해 본 적이 있느냐고 물었다.

"솔직히 그런 생각은 안 해 봤는데요." 개럿이 말했다.

그의 아빠도 똑같이 말했다.

"사실 우리한테 돌려진 패는 이겁니다. 우리는 그걸 가지고 최선을 다할 겁니다." 에릭의 설명이었다.

에릭 밀러는 늘 아들을 그가 할 수 없는 일이 아니라 할 수 있는 일 쪽으로 인도하려 했다. 그 작은 교훈이 둘 다를 여러 가지 놀라운 경험으로 데려다주었다. 개럿의 아빠가 그에게 준 선물은 고통이나 고생을 막아 주는 보호가 아니었다. 그런 것들도 얼마든지 주고 싶었겠지만 말이다. 에릭은 아들에게 비범한 삶의 비결이 상황 자체에 있는 게 아니라 상황에 대처하는 방식에 있음을 보여 주었다.[6]

당신의 소명을 향한 진로 수정

한때 당신은 자신이 뭔가 중요한 일을 위해 태어났다는 생각을 품었었다. 그러다 고등학교에 들어갔다. 대학이었을 수도 있다. 부모는 당신을 설득해 제빵사 대신 변호사가 되게 했다. 교수는 당신이 배우가 되려고 뉴욕으로 이주하기보다 의대로 진학하는 게 더 현명한 선택이라고 말했다.

그리고 당신은 그들의 말을 믿었다. "현실의 삶"이 시작되자 당신은 포기했다. 그것을 성장이라 부르면서 꿈을 완전히 버렸다. 비범한 삶을 원하는 것은 왠지 이기적이고 철없는 짓이라며 변명을 늘어놓았다. 어린 날의 감정이 애초에 진짜였는지조차 의심했다.

하지만 그때조차도 당신은 자신이 틀렸음을 알았다. 세상이 아무리 소란해지고 당신이 아무리 바빠져도 당신의 내면에는 늘 뭔가가 있다. 그 세미한 음성은 삶이 고요해질 때마다 속삭이며 당신의 어슴푸레한 미답(未踏)의 삶을 조롱한다. 귀를 기울이면 지금도 그 소리가 들려온다.

어디를 보든 사람들은 천직을 추구하지 않는 구실을 둘러댄다. 자신이 아직 "공사 중"이라는 사람들도 있고, 무심하게 어깨를 으쓱이며 자신이 커서 무엇이 되고 싶은지 여태 고민 중이라는 사람들도 있다. 다 해가 없는 말처럼 들리지만, 전혀 그렇지 않다. 솔직히 자신이 교착상태에 빠져 있다고 느끼는 사람들이 우리 중에 많다. 무엇을 찾거나 바라야 할지 모른 채 정처 없이 이 직장 저 직장을 전전한다. 우리는 자신의 운명을 받아들였다. 이렇게 살다가 가는 거다. 하지만 최선을 다해 현실을 받아들여도 우리는 늘 불안하다. 나만 그런 건 아니라는 막연한 생각 외에 무슨 위안이 있겠는가?

인류 역사는 새 시대에 들어섰다. 평균수명이 길어졌고 온갖 첨단기술의 해법으로 날로 더 편해지고 있다. 그럴수록 사람들의 의문도 더 깊어진다. 이제 우리는 그동안 일하던 방식이 더는 통하지 않음을 안다. 공장들은 더 커지는 게 아니라 더 작아지고 있다. 평생직장의 개념은 사라졌다. 세상은 직업에 대한 참신한 접근을 요구한다. 뭔가 새로운 것, 아니 어쩌면 아주 오래된 것이 우리에게 필요하다.

부모의 직업 분야에 맞추거나 자신의 가치관을 타협하지 않고도 의미 있는 일을 찾을 수 있다. 그 길은 여태까지 들었던 어떤 수업과도 다르다. 교사들이 말했던 미래의 모습과도 닮지 않았다. 하지만 믿을 수 있는 길이다. 눈앞에 벌어지는 일이 삶의 전부가 아니고, 출근 카드를 찍는 것이 직업의 전부가 아니다.

아득히 멀어진 듯한 그 길을 어떻게 찾을 것인가?

이 책에 묘사된 여정은 예로부터 있던 길이다. 숙련된 장인들과 도공들의 길이다. 인내와 헌신을 요구하는 유서 깊은 길이다. 그런데 찾는 자가 적은 좁은 길이다. 이제부터 우리는 컴퓨터 전문가들과 공원 관리인들의 발자취를 따를 것이다. 세계적으로 유명한 만화가들과 긍휼이 풍성한 선교사들과 성공한 사업가들을 출현시킨 그 과정에 우리도 똑같이 참여할 것이다.

자신의 직감을 믿어야 할 때도 있고, 불편하다 못해 고통스러운 작업이 필요할 때도 있다. 하지만 가다 보면 길가에 계속 표지판이 나온다. 바른 방향으로 가고 있음을 알려 주는 이정표들이 나온다.

여기에 묘사된 길은 인생 매뉴얼이 아니다. 한 폭의 캔버스다. 그 위에 자신의 경험을 더해야 한다. 결과를 예측할 수 있는 과학 실험도 아니다. 수동적 감동으로 끝나는 또 하나의 자기계발 프로그램도 아니다.

자신의 소명을 발견한 수백 명이나 되는 사람들의 이야기를 접하면서 나는 일곱 가지 공통된 특징을 찾아냈다. 그것을 한 장에 하나씩 설명했다. 장마다 적어도 한 사람의 이야기가 나온다. 기본 주제는 다음과 같다.

1. 인식

　　2. 도제

　　　3. 연습

　　　　4. 발견

　　　　　5. 직업

　　　　　　6. 숙련

　　　　　　　7. 유산

　이것을 단계로 볼 수도 있으나 그보다는 서로 겹쳐지는 시기들에 더 가깝다. 즉 한번 시작되면 평생 계속된다. 인식 훈련을 익혔으면 도제 기간 내내 지도를 받으며 그것을 연습해야 한다. 연습도 마찬가지다. 한번 습득한 기술은 오랜 시간이 지나도 계속 소용된다.

　평생의 일을 발견하는 과정은 엄연히 존재한다. 처음에는 혼란스럽게 느껴질 수 있으나 점차 그 혼돈에서 질서가 출현한다. 이 단계들을 충실히 따르며 주목하고 인내하면 뭔가 드문 것, 스스로 자랑스러울 만한 것을 얻게 된다.

미련일랑 버리라

　"사람들의 문제는 과거에 대해 온갖 미련을 품는 겁니다." 아들이 전화 통화를 마친 후 에릭 밀러가 내게 말했다.

　"물론 개럿의 앞날이 달라졌을 수도 있지만 그게 도대체 무슨 상관입니까? 그런 건 중요하지 않습니다. 이미 지난 일입니다. 우리는 지금 이 자리에 있고 목표를 향해 나아갈 뿐입니다."

그의 목소리에서 엄격한 군기 같은 게 느껴졌다. 10년도 넘게 특수한 자녀를 기르는 데 분명히 그것이 큰 도움이 되었을 것이다. 구급 의료사와 간호사로 일하는 데는 말할 것도 없다. 이어 그는 그 후 있었던 자신의 이혼에 대해 말한 다음, 미련을 품어 봐야 현재의 삶을 놓칠 뿐이라고 고백했다. 인생에는 돌발 사태가 끊이지 않는다. 후회에 집착하거나 잃은 것을 되찾으려 해봐야 도움될 게 없다.

"어쩌면 많은 사람의 문제는 계속 이런 생각을 하는 겁니다." 그가 덧붙였다.

"'그때 만약 어떠어떠했더라면 그 뒤로 무슨 일이 벌어졌을까?' 알게 뭐랍니까? 이미 엎질러진 물인데요."

하지만 만약 개럿이 아프지 않았더라면 그 뒤로 벌어지지 않은 일은 무엇일까?

"그건 전혀 다른 문제입니다." 그는 누그러진 말투로 시인했다.

"우리도 그런 생각을 자주 하는데요, 그랬다면 지금의 이런 일이 하나도 일어나지 않았을 겁니다. 내 인생도 완전히 달라졌을 겁니다."

이런 일이 하나도 일어나지 않았을 것이다. 철인3종경기도 없고, 그들이 설립한 재단도 없고, 무수히 많은 사람의 삶에 영향을 미치지도 못했을 것이다. 15년 전 밀러 일가에 비극이 닥치지 않았더라면 그런 일이 하나도 없었을 것이다. 개럿의 병 덕분에 밀러는 이전에는 불가능했을 방식으로 다른 사람들을 격려할 수 있다. 그는 병원의 중환자실에서 일하기에, 고통당하는 사람들에게 말할 기회가 많다.

"이제 내 말에 권위가 생겼습니다. 개럿의 고통 덕분이지요." 그가
말했다.

그가 환자들에게 제시하는 희망은 무엇일까? 그의 고통에서 우러나오
는 격려는 무엇일까? 그는 그들에게 도저히 안 될 것 같을 때도 고개를 꼿
꼿이 쳐들라고 말한다.

"갈수록 더 많은 사람이 당신의 삶을 지켜보고 있습니다. 당신이 겪고
있는 일 덕분에 그들이 저마다의 삶과 도전 속에서 힘을 얻고 있습니다.
장담컨대 당신의 삶은 중요합니다. 당신의 인생은 의미 있습니다. 당신 자
신도 다 이해하지 못하는 일들이 벌어지고 있습니다."

에릭 자신이 그렇게 살아왔고 아들에게도 똑같이 가르쳤다. 자신의 삶
속에 지금 아무리 힘든 일이 닥쳐와도 그것의 중요성을 인정하는 것이다.
좋은 기회만 노리거나 상황이 호전되기를 기다리는 게 아니라 현재의 삶
을 최대한 선용하는 것이다. 개럿 러시-밀러가 자신의 삶으로 답하고 있
는 질문은 많은 이가 두려워 던지지 못하는 질문이다. 내 삶이 계획했던
바와 다르게 풀리면 그때는 어떻게 되는가?

우리 모두의 삶에도 뜻밖의 사건과 좌절이 있었다. 길이라고 여겼던
삶을 숱한 실망이 무산시켰다. 남은 것은 인생의 목적이 아니라 낭패
에 가까워 보인다. 개럿의 이야기를 들으며 나는 비범한 사람들과 나머
지 우리의 차이가 상황과는 별로 관계없고 마음가짐과 더 관계가 많다
는 생각이 들었다. 역경을 기회로 본다면 누구나 자신의 삶을 의미 있
는 이야기로 승화시킬 수 있다.

삶에 어떤 일이 닥쳐올지는 우리 소관이 아니지만, 거기에 어떻게 반응할지는 우리가 하기 나름이다. 자신의 반응을 잘 통제할 때 우리는 의미 있는 삶에 더 가까워질 것이다. 원래 계획했던 것보다 더 좋아질 수도 있다. 하지만 그러려면 당연한 권리로 생각하던 것을 버리고 현실을 그대로 수용해야 한다. 그러면 상상을 초월하는 더 좋은 결과가 나올지도 모른다.

우리의 인생은 우연은 아니지만, 뜻밖의 일들로 가득하다. 이 책의 취지는 그런 일들이 닥쳐올 때 어떻게 해야 할지를 함께 배우는 것이다.

개럿 러시

에릭 밀러의 이야기가 예시해 주듯이 소명이란 늘 우리가 계획할 수 있는 것은 아니다. 당신의 삶에서 부정적 상황이 어떤 식으로든 긍정적 결과를 낳았던 경우를 말해 보라. 사건에 어떻게 반응하느냐에 따라 자신이 어떤 존재가 될지가 결정된다. 당신은 이 말이 사실이라고 보는가?

가슴 뛰는 인생을 위한 준비

PART One

삶의 소리를 들어라

"열정을 주는 일에 귀를 기울이라"

01

무엇을 하고 싶은지 내 삶에 말할 수 있으려면 먼저 내가 누구인지 내 삶의 말부터 들어야 한다.

— 파커 파머(Parker Palmer)

인식

기존 생각

흔히 "천직은 운명 같은 것이다. 어느 날 갑자기 예상치 못한 계시처럼 찾아온다. 외부에서 올 때까지 기다려야 한다. 천직이 다가올 때 우리는 그걸 알 수 있다. 운명처럼 그냥 안다"고 한다.

"무엇을 하고 싶은지 우리 삶에게 말하려면
먼저 우리 삶의 말부터 들어야 한다."

소명은 "그냥 아는" 게 아니다.

늘 단서를 찾아 경청하며 삶이 하는 말을 알아내야 한다.

우리 가슴을 뛰게 하는 일을 발견할 기회는 실제로 해볼 때 찾아온다.

에모리 병원의 복도는 그날따라 유난히 붐볐다. 조디 놀런드(Jody Noland)는 친구의 병실을 찾으려고 군중의 틈을 헤집고 나갔다. 사랑하는 이들에게 병문안을 온 사람들 곁을 스쳐 지나면서 그녀는 문득 불안한 생각이 들었다. '어떻게 래리에게 이런 비참한 일이 벌어질 수 있지?'

래리 엘리엇(Larry Elliott)은 최근 삶의 우선순위를 재정비하기로 했다. 그래서 자신의 성공적인 보험회사를 팔고 세상의 상처 입은 아이들을 섬겼다. 처음에는 아내 베브(Bev)를 거들어 앨라배마 주의 한 보육원에서 사감으로 일하다가 애틀랜타 외곽의 다른 보육원을 책임지게 되었다. 이렇게 그는 달라진 삶으로 인생의 후반부를 맞이했다. 그런데 그에게 남아 있는 시간은 생각보다 훨씬 짧았다.

래리와 베브는 유럽으로 대망의 가족 여행을 가기로 했다. 알찬 시간을 함께 보내며 자녀들과 다시 정을 나눌 기회였다. 모두가 고대하던 여행이었다.

래리의 통증은 이탈리아행 기내에서부터 시작되었다. 처음에는 양쪽 관자놀이 사이에 찌릿찌릿한 느낌이 들었다. 피렌체에서 컴퓨터 단층촬영을 해본 결과 뇌 속에서 암덩어리가 발견되었다. 일가족은 서둘러 휴가를 끝냈다. 귀국행 비행기의 조종사는 래리의 머리에 가해지는 압력을 최대한 줄이려고 비행 고도를 낮추었다. 이튿날 아침으로 수술 일정이 잡혔다. 48세의 래리는 뇌종양과 싸우고 있었다.

그의 병실을 찾는 것은 어렵지 않았다. 훗날 조디는 자신의 책에 "복도까지 사람들이 가득 메우고 있던 방이었다"고 회고했다.[1] 평생에 걸쳐 주변에 모여든 친구들이 워낙 많아서 다 들어설 자리가 없었다. 통증에도 아랑곳없이 래리는 문병 온 사람들을 최대한 위로했다.

그날 그의 태도에는 긴박감이 감돌았다. 중간에 그는 아내 베브에게 펜과 종이를 가져왔느냐고 물었다. 조디는 그게 이상해 보여 나중에 베브에게 무슨 일이냐고 물었다. 베브의 설명에 따르면 래리는 수술실에 들어가기 전에 자녀들에게 일일이 편지를 쓰기를 원했다. 자신이 살아서 나오지 못할 수도 있었기에 그들이 각자 얼마나 독특하고 특별한 존재인지 확실히 말해 주고 사랑을 표현하고 싶었다.

래리는 9개월을 더 살다가 결국 암으로 목숨을 잃었다.

그해 조디는 다른 친구 둘을 더 사별했다. 둘 다 40대 나이에 예고 없이 세상을 떠났다. 그들의 죽음은 모두에게 충격으로 다가왔다. 슬퍼하는 세 가정을 보면서 조디는 래리의 편지가 가족에게 남겨 준 위안을 생각했다. 남겨진 자녀들을 보면 그녀는 마음이 아팠다. 그들은 "부모의 사랑을 의문의 여지 없이 알았지만, 생전의 부모에게서 받던 확신과 든든함을 못내 아쉬워했다." 조디는 래리가 썼던 편지와 거기서 비롯된 변화를 머릿속에서 떨칠 수 없었다.

그때부터 조디는 사람들에게 래리의 이야기를 해주었다.

"사랑하는 이들을 위해 우리도 다 이렇게 해야 하지 않을까요?"

그녀가 관심을 불러 모으려고 물으면 많은 사람이 이렇게 답하곤 했다.

"그야 그렇지만 나는 글을 잘 쓸 줄 몰라서요."

"그렇긴 한데 막상 어디서부터 시작해야 할지 모르겠습니다."

"자신의 재능을 아는 한 가지 방법은 나한테 쉬워 보이는 일이 다른 사람들에게는 쉽지 않을 때입니다." 조디가 내게 말했다.

"계속 이런 생각이 들었어요. '이 일이 뭐가 어렵다는 거지? 어쩌면 내가 도움이 될 수 있을지도 몰라.' 수많은 사람에게 그토록 힘들어 보이는 일이 나한테는 쉬워 보였거든요."[2]

조디는 결국 그 영감에 따르기로 했다.

그래서 "사랑의 편지 쓰기"(Leave Nothing Unsaid)라는 일을 시작했다. 모든 연령층의 사람을 도와 사랑하는 이들에게 편지를 쓰게 해주는 프로그램 겸 교재다. 처음 그런 생각이 떠오른 것은 래리가 죽은 후였다. 그런데 생각이 현실로 바뀐 것은 그녀가 행동을 결단하고 나서였다. 누군가가 그 일을 해야 한다는 생각이 떠나지 않다가 마침내 그 누군가가 곧 자신임을 깨달은 것이다.

조디 놀런드는 자신의 삶이 수십 년 동안 바로 이 순간으로 수렴됐음을 58세에 비로소 깨달았다. 이제 그녀는 자신에게 주어진 천직의 길을 가고 있다. 비록 상황이 힘들고 고통스러웠지만 중요한 교훈을 배웠다. 고통 속에서도 그녀의 인생은 줄곧 그녀에게 뭔가를 가르치고 있었다. 주목하지 않았다면 그냥 놓쳤을 것이다.

꿈의 추구와 관련해 들려오는 이야기는 두 종류다. 첫째는 자수성가한 사람들의 성공담이다. 이야기의 주인공은 의욕적으로 난관을 뚫고 역경을 극복해 성공을 쟁취한다. 많은 사람들이 순전한 끈기로 밀어붙이는 것이 성취의 유일한 길이라고 믿는다. 그들은 그 과정을 이렇게 간단하게 생각한다. "목표를 설정하고 열심히 노력해 그 목표를 성취하라. 무엇이든 원하는 대로 될 수 있고 원하는 대로 할 수 있다. 열심히 노력만 하면 된다. 내 운명은 철저히 내 손안에 있다."

하지만 세상일이 늘 그렇게 간단한 것만은 아니다.

영화 "나의 성공의 비밀"(The Secret of My Success)에서 마이클 J. 폭스 (Michael J. Fox)는 브랜틀리(Brantley)라는 벼락출세하는 청년의 배역으로 나온다. 그는 기업 세계에서 출세하려 하지만 번번이 퇴짜를 맞는다. 취업 면접에서 또 떨어진 그는 마침내 감정을 이기지 못해 이렇게 말한다.

"오늘 찾아갔던 모든 곳에서 번번이 문제를 지적받았습니다. 나이가 너무 적거나 너무 많거나, 키가 너무 작거나 너무 크다는 겁니다. 탈락 사유가 무엇이든 고칠 수 있습니다. 나이가 더 많아질 수도 있고, 키가 더 커질 수도 있습니다. 무엇이든 될 수 있습니다."[3]

많은 이가 그러하듯 브랜틀리도 최선을 다하면 무엇이든 이룰 수 있다고 믿었다. 하지만 결국 그가 깨달은 성공의 비결은 아무리 원하는 것을 다 얻어도 반드시 행복하지는 않다는 것이었다.

두 번째 이야기는 첫 번째와 정반대다. 자수성가가 아니라 이미 정해진 길을 걷는다. 다 팔자소관이다. 삶은 내 뜻과 무관하게 돌아가며 통제할 수 있는 건 하나도 없다. 결국에는 인생을 돌아보며 다른 길은 없었노라고 중얼거린다. 하지만 그렇게 모든 게 각본대로 된다면 모험은 어디에 있는가? 죽음을 앞두고 후회를 고백하는 수많은 사람의 이야기는 또 무엇인가? "운명"이나 "팔자"를 말할 때도 삶을 어느 정도 통제할 수 있다고 믿고 싶은 게 우리 마음이다. 다른 길이 있어야 한다.

첫 번째 길은 무엇이든 원하는 대로 될 수 있다고 말하고, 두 번째 길은 선택권이 없다고 말한다. 그런데 세 번째 길이 있다. 원하는 바를 얻는 게 당신의 목적의 전부가 아니라면 어찌할 것인가? 상황 자체는 당신이 통제할 수 없지만, 당신의 반응에 따라 결과가 달라진다면 어찌할 것인가? 인간의 삶에는 목적이 있을까? 그저 다들 혼돈의 우주 속을 떠돌다 갈 뿐일까? 종교학자와 과학자, 직업상담자에 이르기까지 누구나 한 번쯤 고민하는 문제다. 우리도 그 문제를 실용적 차원에서 살펴보자.

한 가지 분명한 사실이 있다. 직장은 우리가 상당량의 시간을 보내는 곳인데 많은 사람이 자신의 일자리에 불만을 느끼고 있다. 최근 시행된 여론조사에 따르면 전 세계의 직장인 중 자기 일에 "몰입하는" 사람은 13%에 불과하다. 나머지 87%는 일과 단절되어 있다고 느끼며 충족감보다 좌절감이 더 크다.[4] 이런 수치에 놀라지 마라. 우리는 친구가 자기 직장이 싫다고 말하거나 가족이 상사를 나쁘게 말할 때 그리 충격을 받지 않는다. 그 정도는 무난한 행동으로 통한다. 우리는 일을 고역으로 생각하도록 조건화되었다. 싫어도 견뎌야 월급이 나온다. 하지만 이것은 문제다.

꿈을 추구하는 게 아니라 의무 수행에 매여 있을 때 당신은 최선의 자아가 아니다. 누구나 아는 사실이다. 직장을 옮기는 사람들이 갈수록 늘고 있다. 행복해지려고 최선을 다하지만 비참하게 실패한다. 우리도 대부분 그런 적이 있다. 더 나은 것을 바라며 현재의 것을 그만둔다. 하지만 다음 직장이나 관계도 이전과 똑같이 골치 아프다는 것을 알고 실망한다.

우리의 접근 자체가 틀렸을 수도 있다. 어쩌면 행복을 얻는 최악의 길은 행복해지려 애쓰는 것이다. 명망 있는 오스트리아의 정신과 의사 빅터 프랭클(Viktor Frankl)의 책이 그런 개념을 뒷받침해 준다. 유대인 대학살의 생존자인 프랭클은 고난을 몸소 겪으면서 중요한 교훈을 배웠다. 인간의 본성은 쾌락을 추구하고 고통을 피하게 설계된 존재가 아니다. 인간은 의미를 원한다. 행복을 원하지 않는다는 것은 아니지만, 행복은 우리의 가장 깊은 갈망을 채워 주기에 역부족이다. 우리는 그 이상의 초월적인 무엇, 즉 행복의 이유를 찾고 있다.[5]

자살하려는 환자들을 치료하여 살려낸 이력과 나치 수용소에서 직접 겪은 일을 토대로 프랭클은 삶에 의미를 주는 것 세 가지가 있음을 배웠다. 첫째는 뭔가 해야 할 일이고, 둘째는 중요한 관계이고, 셋째는 고난에 대한 구속(救贖)적 관점이다. 그가 깨달았듯이 상황이 아무리 암담해도 내일 할 일이 있는 사람은 하루를 더 살 이유가 있다. 프랭클의 목숨을 유지하게 한 것은 수용소에 들어가기 전부터 쓰고 있던 책의 원고였고, 아내를 다시 보리라는 희망이었다. 시간이 가면서 그는 자신의 고통의 목적을 볼 수 있었다. 그는 뭔가 할 일이 있었고, 자기를 기다리는 사람이 있다고 믿었고, 고난에 대한 특정한 태도를 품었다. 덕분에 그는 다른 사람들이 견디지 못하는 곳에서 살아남았다. 그의 회고록 「죽음의 수용소에서」(청아출판사 역간)는 20세기 최고의 인기 서적 중 하나가 되어 무수히 많은 사람의

삶에 영향을 미쳤다.[6]

흔히 우리가 종종 인식하지 못하지만, 내 이야기의 관건을 나 자신으로 삼는 것은 잘못된 접근이다. 나 자신의 고통이라 해도 마찬가지다. 과거에 연연하거나 미래에 집착하면 성취감을 얻는 데 도움이 안 된다. 프랭클에 따르면 무의미감을 떨치려면 문제에 초점을 맞출 게 아니라 더 나은 낙을 찾아야 한다. 단도직입적으로 말해서 행복해지려고 더는 애쓰지 말라는 뜻이다. 하지만 누구나 행복을 원하지 않는가? 어쩌면 아닐 수도 있다. 인생은 중요하지 않은 일을 하기에는 너무 짧다. 별것도 아닌 일에 당신의 시간을 낭비하기에는 인생이 너무 짧다. 우리가 모두 알고 싶어하는 것은 이 땅에서 보낸 나의 시간이 뭔가 의미 있었다는 사실이다. 쾌락에서 얻는 낙은 한도가 있어 머잖아 이게 무슨 소용인가 하는 의문이 든다. 참된 만족을 원한다면 하찮은 갈망을 초월해 나에게 요구되는 일을 해야 한다는 뜻이다. 소명은 고통을 피하지 않고 받아들일 때 찾아온다.

안타깝게도 비극을 피할 수는 없다. 원하든 원치 않든 착한 사람에게도 나쁜 일이 벌어진다. 그러나 우리의 운명을 결정짓는 것은 고생을 얼마나 잘 피하느냐가 아니라 고생이 닥쳐올 때 어떻게 하느냐이다. 고통과 고난은 무서운 걸림돌이지만 우리의 목적을 방해할 만큼 강하지는 못하다. 사실 어떤 때는 고통이 오히려 귀한 깨달음의 촉매제가 되기도 한다.

조디 놀런드가 친구 래리에게서 배운 교훈이 바로 그것이다. 그런데 그녀는 자기 남편의 죽음 앞에서 그것을 잊을 뻔했다.

두려움은 강력한 방해물이지만 효과적인 자극제도 될 수 있다. 실패나 거부당할 것에 대한 두려움은 건강하지 못하고 비합리적일 수 있지만, 사랑하는 이들에게 사랑을 표현하지 못할 것에 대한 두려움은 중요하다. 두려움이라고 다 나쁜 것은 아니다. 그런데 어떤 사람들은 두려움에 지배당하며 살아간다. 실패할 여지를 줄이려고 모험을 피하며, 그리하여 사실상 소명의 반대쪽으로 나아간다. 열쇠는 두려움에 귀를 기울여야 할 때와 그렇지 않을 때를 아는 것이다.

조디의 남편 마이크(Mike) 놀런드는 2009년 간암 4기 진단을 받았다. 조디는 인터넷을 검색해 병의 예후를 알아보았다. 남편의 살 날이 얼마 남지 않았기에 그녀는 불가피한 일에 대비하기 시작했다. 그러나 마이크는 생각이 달랐다. 그는 임박한 죽음을 부정했다. "오기로 버티며" 현실을 인정하지 않았다. 물론 정기적인 화학 치료와 방사선치료는 받았지만, 투병에 관한 정보도 읽지 않았고, 의사들에게 아무것도 묻지 않았다. 계속 평소대로 살았다.

"그 와중에도 남편은 자신의 고객들을 염려했고, 지금이 자기 사업체의 매매계약을 체결할 시기인지 고민했습니다." 조디가 내게 말했다.

"사업을 정리한다면 그건 피할 수 없는 사형선고를 받아들였다는 뜻이겠지요. 계약이 체결되던 날부터 남편의 사고가 혼란에 빠졌습니다."

내가 전화로 그 이야기를 들은 것은 세월이 한참 흐른 뒤인데도, 조디의 목소리에서 여전히 고통과 긴박감이 느껴졌다. 그녀는 자녀들에게 남길 편지를 쓰라고 마이크에게 간곡히 권했다. 래리의 편지가 가족들에게 극적인 영향을 주는 것을 보았기 때문이다. 친구의 그런 행동에 오죽 감동했으면 다른 사람들에게 그것을 가르쳐 주는 편지 쓰기 워크숍까지 개설했겠는가. 덕분에 많은 사람들이 사랑하는 이들에게 글로 애정을 표현할 수 있었다. 모르는 이들에게 가르쳐 준 그 위안을 그녀는 자신의 가족들도 받기를 원했다. 그러나 남편은 싫어했다. 남편은 자신의 암을 심각하게 여기지 않았다. 몇 주 동안 남편을 설득하면서 본인을 위해서라도 편지를 써 보라고 권유했지만 결국 조디는 포기했다. 그냥 남은 시간 동안 남편을 편하게 해주기로 했다.

그 암은 마이크를 빨리도 데려갔다. 진단받은 지 석 달도 안 되어 그는 단 한 통의 편지도 남기지 않고 세상을 떠났다. 장례식이 끝난 후 그의 딸 낸시(Nancy)가 새엄마인 조디에게 물었다. 조디가 도왔던 다른 사람들처럼 아버지도 편지를 남긴 게 있느냐는 것이었다. 조디는 참담했고 자신이 실패자처럼 느껴졌다. 남편에게 그토록 권하고 잔소리도 했지만 아무런 소용이 없었다. 그녀는 편지 쓰기의 위력을 알고 있었다. 몇 마디 격려의 말이 큰 영향을 미칠 수 있음을 알고 있었다. 하지만 딸 낸시를 위한 편지는 남겨지지 않았다. 마이크는 딸에게 아무런 격려의 말도 남기지 않은 채 고인이 되어 버렸고, 앞으로도 영영 없을 것이다.

마이크가 세상을 떠난 뒤로 조디는 편지 쓰기 워크숍을 계속해야 할지 회의가 생겼다.

"이 꿈을 접어야 한다는 게 당장의 결론이었다." 그녀는 책에 그렇게 회고했다.

"우리 집에서 이토록 비참하게 실패한 내가, 어떻게 다른 사람들에게 그

걸 하라고 조언할 수 있겠는가?" 그녀는 애초에 이것이 자신의 소명이었는 지조차 의심스러웠다.

"정말 내가 잘못 알았다는 생각이 들었다."

조디는 가지고 있던 교재를 다 나누어 주고 기념으로 한 권만 남겼다. 그리고 사별의 슬픔에 잠겼다.

1년 후 어떤 남자가 전화해 워크숍 교재가 있느냐고 물었다. 자기 아내의 가장 친한 친구가 유방암으로 죽어가고 있는데 두 딸에게 편지를 쓰고 싶어한다고 했다. 마음은 간절한데 어디서부터 시작해서 뭐라고 써야 할지 모르겠다는 것이었다. 조디는 더는 워크숍을 하지 않는다고 설명한 뒤에 딱 한 권 남아 있던 책을 주었다. 조디의 글에 보면 "그녀의 죽음이 어찌나 임박했던지 그 사람이 직접 찾아와 교재를 받아갔다."

—〰️—

몇 주 후 조디는 감사의 편지를 받았다. 죽어가는 어머니가 그 교재 덕분에 딸들에게 글로 사랑을 표현했으며, 덕분에 생의 마지막 몇 주를 평화롭게 보냈다고 했다. 조디는 눈물을 흘렸다. 여태까지 그녀는 실패가 두려웠다. 시도했다가 성공하지 못할까 봐 두려웠다. 그러나 이제 문제의 본질을 깨달았다. 그녀가 가장 두려워해야 할 것은 이미 받은 이 소명에 응답하지 않는 것이었다. 어떤 아픔이 따를지라도 그 길을 가야 했다.

"시도하지 않느니 차라리 해보고 실패하는 게 낫겠다 싶었어요." 그녀는 말했다.

　모든 이야기는 지극히 평범해 보이는 삶으로 시작된다. 주인공은 그만 그만한 곳에서 그 이상의 무엇을 꿈꾼다. 용을 죽이거나 추구에 오르는 것은 한참 뒤의 일이다. "미녀와 야수"(내가 제일 좋아하는 디즈니 클래식)의 벨(Belle)은 "시골 생활" 이상의 것을 원한다고 노래한다. "스타워즈"의 루크(Luke)는 따분한 농부의 삶을 벗어나고 싶어 안달이다. 〈오즈의 마법사〉의 도로시(Dorothy)는 "무지개 너머 그 어딘가"의 삶을 노래한다. 이렇듯 우리의 삶은 가지 않은 길의 정령에 사로잡혀 살아간다.

　이런 사람들을 몽상가나 정신 나간 사람으로 일축하기 쉽다. 하지만 정말 그럴까? 일련의 사건이 주인공을 운명의 노정에 올려놓기 전에, 삶이 그 이상이어야 한다는 느낌이 그들에게 있었다. 당신도 지금 그렇게 느끼고 있을지 모른다. 중요한 한순간에 모든 것의 의미가 살아난다. 에릭 밀러에게는 아들의 생의 시계가 자신의 것보다 빨리 가지 않음을 깨닫던 순간이었고, 조디 놀런드에게는 사랑하는 이의 편지 한 통이 얼마나 중요한가에 눈뜨던 순간이었다. 이야기꾼들은 이것을 "발단"이라고 부른다. 모든 것이 변하면서 여태껏 평범하게 살아가던 평범한 사람의 이야기가 신화적 차원으로 비상하는 순간이다.

　하지만 그렇게 되려면 전제조건이 있다. 스스로 원해서든 상황에 떠밀려서든 그 이야기 속으로 들어가야 한다. 벨은 아버지를 찾으러 나서고, 루크는 오비완(Obi-Wan)과 함께 집을 떠나고, 도로시는 돌풍에 휘말려 날아간다. 모든 훌륭한 이야기에는 등장인물이 방관자 이상이 되기로 결단해야 하는 순간이 있다. 대개 그 중요한 순간은 먼저 생각을 거쳐서 실생활 속에 전개된다. 그런데 이 선택에 항상 선행하는 더 깊은 것이 있었다. 자신에게 뭔가가 더 필요하다는 집요한 느낌이 그것이다.

그래서 사람들은 어떤 큰 일로 부름받을 때 그것을 알아본다. 그들은 일어나 뭔가 의미 있는 일을 해야 한다는 감화를 즉각 알아차린다. 여태 그것을 기다려 왔기 때문이다. 소명은 우리 인생의 목적을 인식하는 의식이 있을 때 우리에게 온다.

이렇듯 인식은 우리를 소명에 준비시켜 준다.

자신의 소명이 무엇인지 알기 전에 먼저 자신이 뭔가를 하도록 부름받았음을 믿어야 한다. 그게 무엇인지는 몰라도 괜찮다. 인식을 기르려면 행동하려는 의지가 있어야 한다. 일단 나서서 어떻게 되는지 보려는 마음이 필요하다. 목적이 당신을 찾아오는 게 아니라 당신이 목적을 찾아 나서야 한다. 일단 그런 확신이 섰으면 당신은 준비된 것이다. 하지만 그 선택을 내리기 전까지는 좌절감이 들 것이다. 남들의 성공을 보며 행운이나 부당한 이점 탓으로 돌릴 수도 있다. 하지만 그것은 자신을 속이는 일이다.

물론 운이 좋은 사람도 있고 남다른 특권을 타고난 사람도 있다. 하지만 그게 당신과 무슨 상관인가? 당신이 부름받았다는 사실은 달라지지 않는다.

어떤 이에게는 많은 소명이 있을 수 있고, 모든 사람에게 공평한 것도 아니다. 어쨌건 당신은 거기에 응답해야 한다.

평생의 일을 시작하려면 먼저 준비되어 있어야 한다. 기회는 누구에게나 오지만 준비된 사람들만 그것을 알아본다. 거창한 계획은 없어도 좋다. 약간의 불만족은 필요하다. 세상이 전적으로 완벽하지는 않다는 막연한 예감이 필요하다. 인식이란 그런 것이다. 뭔가 그 이상이 가능하다는 느낌이다.

행운이나 절호의 기회는 필요 없다. "그냥 아는" 것조차도 필요 없다. 당신에게 필요한 것은 시작하려는 의욕과 의지다. 그래야만 당신에게 요구되는 일에 헌신할 수 있고, 그래야만 그게 얼마나 값진 일인지 알게 된다. 인식이 없으면 기회가 와도 알아볼 수 없다. 눈이 뜨인 사람에게는 기회는 언제나 찾아온다.

잘못된 두려움

"나는 꿈이 없다." 그 두려움이 그날 내 머릿속을 떠나지 않고 괴롭혔다. 나는 의자에 몸을 깊이 파묻고 앉았다. 주위에는 수백 명의 희망에 찬 눈빛들이 모여 있었다. 그날의 강의 장소로 쓰인 다목적실에 우리가 모인 이유는 다 똑같았다. 꿈을 추구하기 위해서였다. 우리 마음이 갈구해 오던 그것을 찾기 위해서였다.

좌중에는 소설가가 되고 싶은 사람도 있었고 광고회사를 차리거나 남미에 가서 다큐멘터리를 찍고 싶은 사람도 있었다. 사람마다 독특하고 아름다운 꿈이 있었고, 세상에 필요한 특별한 기술이 있었다. 실내의 열기는 전염성이 있었다. 그럴수록 내가 못올 곳에 와 있다는 기분만 더해졌다.

"당신의 꿈은 무엇입니까?"

의무적으로 답해야 하는 도입 질문에 우리는 모두 나름대로 최선을 다했다. 자신의 이름표에 그 답을 써야 했다. 나의 답은 심오하지만 막연한 "창의적 촉매제"였다. 다시 말해서 나도 답을 몰랐다.

내 꿈이 무엇이며 내가 거기에 왜 왔는지 몰랐다. 무엇을 하며 살고 싶으냐고 사람들이 물으면 거창한 허풍과 복잡한 표현을 늘어놓았다. 내게는 별 의미 없는 말인데도 사람들은 위압감이 들어 눈빛이 흐려졌고 후속 질문을 꺼내지 못했다. 정확히 내가 의도한 대로였다.

"나는 스토리텔링 셰르파(sherpa: 히말라야 산악지방의 안내인)가 되고 싶습니다."

아이패드를 들고 다니는 한 남자에게 나는 그렇게 말했다. 그는 고개만 끄덕였을 뿐 더 말을 붙이기가 두렵다는 눈빛이 역력했다. 내 사명이 완수된 셈이다.

모임 중 몇 번 당시 내 본업에 대해 말했지만, 그것은 내 일이 아닌 것처럼 느껴지고 따분했다. 내 꿈은 뭔가 새롭고 흥미로워서, 여태까지 해본 적이 없는 "딴 세상" 일이지만, 지평에 떠오르는 순간 즉시 알아볼 것만 같았다. 그 모임 중 그것이 내게 다가와 미소와 인사를 건네고 여생을 함께할 것만 같았다.

그러나 다른 질문에 답할 때마다 본색이 탄로 나는 기분이었다. 사람들이 점차 내 가면을 꿰뚫어보고 나를 딱하게 여기는 것처럼 느껴졌다. 꿈에 대한 세미나에 와 있었지만 나는 꿈이 없는 방랑자였다. 이름표만 거창할 뿐 미래의 비전이 없는 사람이었다. 그래서 도중에 자리를 떠 뒷문으로 살짝 빠져나가려고 하는데 그때 첫 강사가 연단에 올라섰다. 그는 짧은 몇 마디 말로 내 환상을 깨뜨렸다.

"여러분 중에는 자신이 꿈이 무엇인지 모르는 분들도 있습니다. 사실은 대부분이 모릅니다." 그가 말했다.

주변을 둘러보니 일제히 고개를 주억거리는 사람들이 수십 명쯤 되었다. 얼떨결에 나도 따라 하면서 누가 보지 않을까 걱정했지만 결국 거짓을 버리고 무지를 인정하고 나니 마음이 홀가분했다.

"하지만 사실 여러분은 자신의 꿈이 무엇인지 압니다." 강사의 말이 이어졌다.

"인정하기가 두려울 뿐입니다."

나는 가슴이 철렁했다. 그가 그 말을 하는 순간 내 머릿속에 불쑥 튀어오르는 한 단어가 있었다. 작가였다.

이제 나는 실패가 두렵지 않았다. 오히려 시도하지 않는 게 두려웠다.

—⑅—

당신이 어떤 일을 해야 할지 모른다면 어찌할 것인가? 열정을 다할 일이 무엇인지 모른다면 어찌할 것인가?

이것은 우리 인생에서 무엇을 해야 할지를 알아내려 애쓸 때 우리가 던지는 질문이다. 좋은 질문이지만—나도 해보았다—옳은 질문은 아니다. 무엇을 해야 할지 모른다는 말은 사실은 더 깊은 다른 의문이다. 우리가 알고 싶은 것은 이것이다.

"내가 실패하지 않는다는 보장이 있는가?"

답은 부정이다. 물론 아니다. 아무도 그것을 보장할 수 없다.

대부분의 사람은 모험을 찾아 나서는 게 아니라 모험이 오기를 기다리며 인생의 황금기를 허송한다. 그들은 현 상태에 굴복한 채 언젠가는 삶이 달라지기를 꿈꾼다. 올바른 길인지 긴가민가해 늘 우유부단하게 기다린다. 기다리다 기회를 놓친다. 유일하게 현명한 선택은 행동에 나서는 것이다. 더 나은 때만 노리는 게 아니라 지금 방향을 선택하는 것이다. 물론 실패할 수 있다. 하지만 시도하지 않으면 무슨 일이 벌어지는지 누구나 알고 있다. 아무 일도 벌어지지 않는다. 당연히 노상에 걸림돌도 있고 엉뚱한 길로 들어설 때도 있겠지만 그건 적어도 움직이고 있다는 뜻이다.

흔히 우리는 소명이 외부에서 온다고 생각한다. 전혀 예상하지 못했을 때 찾아오는 계시처럼 말이다. 하지만 사실 어떤 면에서 소명은 이미 와 있다. 당신의 인생에서 해야 할 일이 무엇인지 확실치는 않을지라도 이미 당신은 어느 정도 감으로 알고 있다. 열쇠는 당신의 삶 속에 숨어 있는 천직을 찾아내는 것이다. 나 자신을 작가로 생각하기 시작한 순간 내가 배운 것이 바로 그것이다. 답을 찾아 나서고 보니 그중 일부는 이미 내 안에 있었다.

우리는 모두 자신의 인생에서 해야 할 일을 "그냥 알기" 원한다. 자신의 목적이 이미 상술되어 있기를 바란다. 하지만 소명의 이치는 그렇지 않다. 소명은 좀처럼 분명하거나 뚜렷하지 않으며 특히 처음에는 그렇다. 그러나 첫걸음을 내디디고 소정의 행동 방침을 따르면 원래부터 있었던 소명이 점차 눈에 들어온다.

삶이 이 이상이어야 한다는 찜찜한 의혹이 우리 대부분에게 있다. 더 큰 이야기 안에서 각자가 맡은 역할이 있음을 우리는 안다. 그게 무엇인지는 모를지라도 뭔가가 있다는 것만은 안다. "운 좋게" 자신의 소명을 발견한 소수의 사람이 그렇게 증언한다. 그들은 어딘가에 목적이 있음을 알고 그것을 찾기로 굳게 결심했다. 그들이 쓴 방법 역시 첫걸음을 내딛는 것이었다. "그냥 안다"는 신화를 버리고 일단 행동에 나선 것이다. 이를 통해 그들이 배운 중요한 교훈이 있다. 실행해 보면 무엇이든 명료해진다는 사실이다. 당신도 똑같은 교훈을 배울 수 있다.

어느 시점에서 당신은 그 감을 인정해야 한다. 이제까지의 삶이 전부가 아니라고 귀띔하는 그 속삭임을 들어야 한다. 사람은 누구나 자신의 인생으로 무엇을 해야 하는지 어느 정도 알고 있다. 그것을 실현하지 못하거나 혹 잃어버렸을 수 있지만 그래도 그것은 발굴되기를 기다리고 있다. 그렇다면 우리에게 필요한 것은 지도(地圖)가 아니라 삽이다. 파낼 수 있는 일련의 도구다. 한때는 나도 소명이란 그냥 아는 것이며 모른다면 부름받지 않은 거로 생각한 적이 있다. 하지만 알고 보니 전혀 그렇지 않았다. 삶을 돌이켜보면서 그 삶이 줄곧 당신에게 가르치려 했던 바가 깨달아질 때, 그 내용이 바로 소명이다.

만일 무엇이든 할 수 있다면 당신은 무엇을 하겠는가? 누구나 이 물음에 대한 답이 있다. 당신은 온종일 아이들과 함께 지내거나 세상을 여행하거나 마침내 그 책을 쓸지도 모른다. 구상했던 사업에 진지하게 시간을 바치거나 제값을 들여 새 카메라를 사서 온종일 공원에서 사진을 찍을 수도 있다. 혹은 그냥 배우자와 함께 뜨락에 앉아 느긋하게 커피를 마시며 삶의 모든 작은 것들을 음미할 수도 있다. 충분히 파고 들어가 보면 누구나 이 물음에 대한 답이 있게 마련이다. 그리고 그것은 중요한 단서다.

문제는 삶이 우리의 바람대로 되는 경우가 별로 없다는 것이다. 동경하는 삶을 살지 못하게 우리를 막는 것은 두려움이다. 우리는 미지의 세계가 두렵고, 안전, 평판, 생활 따위를 잃을까 봐 두렵다. 신비는 우리를 막아 평생의 일을 하지 못하게 하고 우리를 마비시켜 소명을 인식하지 못하게 한다. 몰라서 두려운 것이다. 그러나 사실 명료한 것이란 우리에게 없다. 테레사(Teresa) 수녀가 말했듯이 우리에게 있을 거라고는 언제나 신뢰뿐이다.[7] 두려움과 우유부단과 무지는 당신의 전진을 가로막는 걸림돌이며 절대 없어지지도 않는다. 자기 본연의 할 일이 무엇인지 알려면 어쨌든 행동에 나서야 한다.

내가 하려는 말은 소명에 노력이 요구된다는 것이다. 소명을 찾으려면 두려움에 맞서서 걸어가야 한다. 평생 지속하는 그 여정의 시발점은 무엇인가? 인식이다. 삶이 당신에게 하는 말을 알아내야 한다. 이 신비를 발굴하려고 노력할 때 생각해야 할 질문이 하나 더 있다. 훨씬 더 건설적인 질문이다. 당신이 이런 노력을 하지 않는다면 어떻게 될까? 이거야말로 당신이 정말 두려워해야 할 일이다.

당신의 삶은 말하고 있다

많은 사람이 자신의 목적을 모른 채 방황하며 살아간다. 변덕스러운 세상 풍조를 맹목적으로 추종한다. 그들이 보기에, 잠재력을 실현하는 사람들은 특출한 재능의 소유자로 보인다. 하지만 소명의 추구가 엘리트층에만 국한된 호사가 아니라면 어쩔 것인가? 그것이 꼭 있어야만 온전히 살아 있는 인생이 된다면 어찌할 것인가? 당신은 어디서부터 시작할 것인가?

당신의 삶에 귀를 기울이라. 바로 프레드릭 뷰크너(Frederick Buechner)의 조언이다. 학교 교사를 거쳐 목사가 된 그는 천직을 찾는 일이 거창한 발견의 순간이라기보다 인식의 습관임을 터득했다. 그래서 이렇게 썼다.

"천직을 찾을 때는 끝없는 신비를 찾듯이 하라. 그것의 흥분과 기쁨 속에서 못지않게 권태와 고통 속에서도 찾아라. 촉각과 미각과 후각을 통해 그것의 숨겨진 거룩한 핵심에 이르라. 결국, 모든 순간이 중대한 순간이기 때문이다."[8] 뷰크너의 말은 인식이 저절로 찾아오지 않으며 우리가 인식을 길러야 한다는 것이다.

당신의 삶과 삶이 가르쳐 줄 교훈에 주목한다면 눈앞이 캄캄하게 느껴지지 않을 것이다. 당신의 이야기가 지리멸렬한 사건들의 연속이 아니라 아름답게 전개되는 복합적 내러티브로 보일 것이다. 모든 실패와 불편과 좌절이 겉으로 보이는 것 이상임을 알게 될 것이다.

귀를 기울이면 당신의 삶이 말할 것이다.

그 음성이 새벽이나 늦은 밤에 당신을 불러 당신의 재능과 열정과 능력으로 무엇을 해야 하는지 일러 줄지도 모른다. 덕분에 당신에게 있었던 어떤 사건의 의미가 도출될지도 모른다. 그 음성이 당신을 지도해 주거나 여태 생각하지 못했던 전혀 새로운 가닥이나 주제를 풀어 줄지도 모른다. 삶이 말해 주는 내용 자체가 꼭 중요한 건 아니다. 물론 그것도 중요하지만, 그것은 당신이 통제할 수 없는 부분이다. 정말 중요한 것은 듣는 일이다.

세상이 워낙 어수선하다 보니 우리는 그렇게 하지 않는 성향이 있다. 책을 사서 읽거나 세미나에 등록하거나 집회에 참석해 배우려 한다. 이 단계를 밟고, 저 프로그램을 따르고, 6대 원리를 지키려는 식이다. 하지만 그런 경험은 뷰크너가 말한 삶의 "끝없는 신비"를 대신하는 초라한 대용품이다. 우리는 불가능이 없고 자신의 잠재력이 무한하며 꿈을 이룰 권리가 있다고 믿으며 자랐다. 하지만 당신의 소명을 찾는 일은 그렇게 간단하지 않을 수 있다.

우리는 모두 재능, 즉 자신이 잘하는 일에서부터 시작하려 한다. 하지만 당신은 자신이 무엇을 잘하는지 잘 분별했던 적이 있는가? 사람들은 늘 자신도 감탄할 만한 일을 해낸다. 소명은 당신의 능력을 벗어나고 잠재력에 의문을 제기한다. 여정이 다 끝나면 당신 자신도 놀란다. 우주비행사나 신문배달부가 될 수 있다 해서 꼭 그렇게 되어야 하는 것은 아니다. 모든 사람은 자신이 잘하는 일만 아니라 자기 본연의 일을 할 책임이 있다. 작가이자 활동가인 파커 파머의 말대로, 무엇을 하고 싶은지 무조건 내 삶에 말할 게 아니라 내 삶의 말부터 들어야 한다.[9]

실제적인 방법은 이렇다. 당신 인생의 굵직한 사건들을 종이 한 장에 쭉 기록하라. 의미 있는 일을 기억나는 대로 다 적어라. 실없거나 무관해 보이는 일도 왠지 떠오른다면 함께 적어라. 의미를 해독하려 하지 말고 일단 생각나는 대로 다 적어라. 목록 작성이 끝나면 공통된 가닥이나 되풀이되는 주제를 찾아보라. 의도하거나 계획하지 않았는데도 한 사건이 다른 사건에 미친 영향이 보이는가? 야밤에 어떤 식당에 갔다가 평생의 연인을 만났는가? 쓸모없는 몇 가지 인턴 경력이 직업의 선택에 영향을 미쳤는가? 점차 어떤 주제가 보일 것이다. 모든 것을 한데 묶어 주는 어떤 가닥이 놀랍도록 또렷이 보일 것이다.

처음부터 분명할까? 물론 아니다. 이것은 시작에 불과하다. 하지만 이 과정은 생각보다 복잡하지 않다. 당신의 삶은 신비이지만 당신에게 뭔가 말하려 하고 있다. 당신은 듣고 있는가?

낭비되는 게 하나도 없다

남편 마이크가 병들자 조디 놀런드는 새로 시작한 일을 그만두려 했다. 사랑하는 이에게 편지를 쓰도록 사람들을 돕는 일이었는데, 아무리 애써도 자꾸 낙심되었다. 남편이 세상을 떠난 뒤로 그녀는 한동안 정말 그만두었다. 한때 자신의 상상을 매료하고 희망에 차오르게 했던 그 꿈을 슬픔과 실망에 잠겨 그냥 놓아 버렸다.

그러나 작은 워크북 한 권이 죽어가는 한 여인의 삶에 가져다준 변화를 보며, 조디의 꿈은 되살아났다. 남편으로 인한 비참한 경험에도 불구하고 그녀는 견딜 수 있게 되었다. 게다가 포기할 때 따르는 대가가 너무 컸다. 조디는 딸의 눈에서 아빠의 편지가 있었다면 훨씬 가벼웠을지 모를 딸의 고통을 보았다. 그런 고통을 면하도록 사람들을 도울 수 있다는 가능성 때문에 조디는 계속 이 길을 걸어왔다.

"하나님은 아무것도 낭비하지 않으십니다." 전화 통화 중에 그녀가 내게 말했다. 그녀는 전에 16년 동안 IBM에 근무하다가 남편의 사업을 내조하고 아이들을 키우려고 그만두었던 일을 회고했다. 오늘의 그녀가 있기까지는 그 모든 것이 한몫 작용했다.

IBM에 다닐 때 조디는 직원들의 업무수행을 평가하는 일을 맡았다. 평가 내용이 부정적일 때도 그녀는 상대의 장점을 보고 칭찬과 인정을 빠뜨리지 않았다.

"나는 늘 이면을 보려고 했습니다." 그녀가 회고했다.

"요즘 당신이 회사를 위해 한 일이 무엇입니까?"와 같은 전형적 대화를 넘어서려 한 것이다.

"사람들을 그렇게 대하는 게 나로서는 당연한 일이었는데. 나중에 알고 보니 참 드문 일이더군요."

현재 조디는 워크숍과 강연을 통해 사람들에게 사랑하는 이의 속마음을 보도록 돕고 있다. 평소에는 속마음이 잘 표현되지 않기 때문이다. 그녀는 IBM에서 배운 긍정의 재능을 활용하고 있다.

나도 비영리단체에서 7년간 일한 적이 있어 거기에 공감한다. 낭비되는 게 하나도 없다. 자신의 소명에 어떻게 맞아드는지 볼 마음만 있다면 어떤 일자리나 업무나 장애물도 쓸모없는 게 없다. 나도 어떤 특정한 잡무라든가 많은 이메일의 답신을 쓰기가 갑갑하게 느껴지곤 했다. 마치 발목을 붙들린 기분이었다. 하지만 이제 진실을 안다. 그 7년 동안 배운 기술을 지금까지 계속 사용하고 있다. 모두가 미래를 위한 준비였다. 당신도 소명을 탐색하다가 이전의 경험들이 공모해 당신을 평생의 일 쪽으로 이끌어 가는 것을 보고 놀랄 것이다. 잘 듣기만 하면 된다.

당신의 삶에 귀를 기울이려면 우선 누구도 원하지 않는 한 가지를 해야 한다. 래리 엘리엇은 그것을 했고, 마이크 놀런드는 하지 않았다. 그것은 죽음을 상상하는 것이다. 죽음의 순산이 다가올 때 당신이 하지 않아 후회할 일은 무엇일까? 시간을 더 많이 들이지 못해 아쉬워할 일은 무엇일까? 시시해 보일 일은 무엇일까? 영영 잃을까 봐 두려운 것들을 생각해 보라. 그게 바로 가장 중요한 것들이다.

이런 인식을 심화하는 한 가지 방법은 다른 사람들을 관찰하는 것이다.

삶을 사랑하는 사람들이 어떻게 하는지 보라. 그들에게 있는데 당신에게 없는 것은 무엇인가? 언뜻 시기심처럼 보이는 감정을 통해 많은 것을 배울 수 있다. 당신에게 무엇이 없는지 배울 수 있다. 당신의 삶을 사랑할 수 있으려면 먼저 삶을 사랑하는 누군가를 보아야 한다. 결국, 이 모든 것을 하나로 떠받치는 것은 사랑이다. 다른 무엇으로도 안 될 때 사랑만은 소명을 지탱시킨다. 이것은 쩨쩨한 질투가 아니다. 그런 감정을 한 걸음 더 발전시켜 뭔가를 한다면 말이다.

어떤 면에서 우리는 다시 어린아이가 되어 다른 사람들을 보고 들어야 한다. 그들의 훌륭한 행동을 본받아 우리도 자라가야 한다. 소명을 타협하지 않고 역경 중에도 인내한 사람들이 있다. 그들의 일상적 사례를 관찰하면 당신도 감화를 얻어 계속 전진할 수 있다.

미심쩍거든 헌신하라

이제 분명해졌기를 바라지만 이것은 수동적 과정이 아니다. 당신은 이 길에 헌신해야 하며 그것이 늘 쉽지만은 않다.

현대 세계의 우리는 헌신에 문제가 있다. 어디를 보나 헌신과 완주가 부족하다. 지도자들은 책임을 회피하고 정치가들은 "다른 당"을 탓한다. 어떤 일에도 온전히 헌신하지 못한 채 이 일 저 일 떠도는 사람이 많다. 목적을 발견하려면 꼭 필요한 작업에 헌신해야 하는데 우리 모두는 어느 정도 그것을 힘들어한다. 우리는 6개월이나 어쩌면 몇 년 동안 뭔가를 해보다가 다른 데로 옮기는 데 익숙해져 있다. 하지만 천직이란 그런 게 아니다. 그것은 당신이 시도하는 무엇이 아니라 당신이 되어가는 사람이다.

자신의 천직에 온전히 몸 바치지 않을 때 우리는 세상에, 그리고 자신에게 손해를 끼친다. 헌신은 필수다. 헌신은 우리에게 즉각적 만족을 장기적 보상과 바꾸도록 가르치고, 변화에 시일이 소요됨을 알려 준다. 이런 완주의 훈련을 터득할 때 우리의 성품이 자란다. 이것이 인내의 열매요 성장을 지켜보는 기쁨이다. 오랜 세월 한결같지 않으면 그런 결실을 볼 수 없다.

헌신과 더불어 인내도 필요하다. 고통을 끝까지 헤쳐나가지 않으면 열정의 대상을 찾을 수 없다. 내가 조디 놀런드로부터 배운 것도 그것이고 빅터 프랭클의 연구를 통해 밝혀진 것도 그것이다. 발견은 헌신을 통해서 온다. 우리는 고난을 구속(救贖)적 관점에서 이해해야 한다. 세상의 악에도 불구하고 더 큰 선을 의지적으로 보아야 한다. 그렇지 않으면 눈앞에 닥치는 도전들이 우리를 삼키려 위협하며 냉소와 후회의 삶만 남길 것이다. 과거에 대한 미련에 홀릴 게 아니라 힘든 시절이 오더라도 계속 힘써 전진해야 한다.

물론 실패도 있겠지만, 실패에는 값진 교훈이 따라온다. 때로 엉뚱한 일에 헌신할 수도 있지만 그래도 괜찮다. 아무것도 하지 않는 쪽보다 그게 낫다. 엉뚱한 일에 헌신하는 게 가만히 서 있는 것보다 낫다.

대중적인 또 다른 전략은 아무것에도 헌신하지 않는 것이다. 더 나은 수를 노리며 막판까지 기다리고, 불안하게 이 일 저 일 옮겨 다니며, 헌신은 자칫 덫이 될 수 있다는 생각으로, 결코 무엇에도 헌신하지 않는다. 이것이 자유처럼 느껴지지만, 사실은 또 다른 속박일 뿐이다. 주위에 기회가 무한대로 넘쳐나면 복지부동이 안전한 대안처럼 보인다. 많은 사람이 두려움에 얼어붙어 그 길을 택한다. 움직이지 않고 안주한다. 바리스타의 자리이든 승진 가도의 유망한 직위이든 무조건 받아들인다. 다른 길—대가가 따르는 발견의 여정—은 너무 무서워 생각할 수 없다.

여기 진실이 있다. 헌신하지 않는 위험이 잘못된 선택의 대가보다 크다. 실패하면 뭐라도 배운다. 하지만 헌신하지 않고, 아무것도 선택하지 않고, 가만히 있으면 어떻게 되는가? 아무 일도 일어나지 않는다. 괜히 꾸물거리거나 두려워서 꼼짝도 하지 않으면 아무것도 배울 수 없다. 선택을 잘못할 때마다 성품이 자라고 복원력이 강해져 앞으로 닥쳐올 일에 준비된다. 실패는 적군의 군복을 입은 아군이다.

하지만 솔직해지자. 자기계발 서적들의 약속에도 불구하고 실패란 힘든 일이다. 연거푸 거부당하고 다시 일어나기란 한동안 어렵다. 하지만 견디는 법을 배우면 실수를 통해 성장할 수 있다. 실패의 상처 속에 숨어 있는 묘약을 보기로 하면 우리는 장애물을 극복하고 비극을 승리로 전환할 수 있다. 한때 그토록 엄두가 안 나 보이던 좌절과 시련을 아예 즐길 수도 있다. 그것들이 우리의 여정을 확인해 주는 표지판임을 알기 때문이다.

월트 디즈니의 장화에 박힌 못

월트 디즈니(Walt Disney)는 부모에게 욕심을 부리지 않으려 최선을 다했다. 엘리어스(Elias)와 플로라(Flora) 디즈니는 중서부에서 검소한 가정을 일구었다. 농사를 짓다가 실패한 뒤로 사업에도 고전했다. 하지만 그런 월트도 앞부리에 금속이 박힌 가죽 장화를 본 뒤로는 어린 마음에 그것을 꼭 가지고 싶었다. 특히 눈 오는 날 신문 배달에 도움이 될 테니 실용적인 선물이라 생각했다.

부모는 보기 드물게 큰맘 먹고 청을 들어 주었다. 그해의 크리스마스트리 밑에는 가죽 장화가 월트를 기다리고 있었다. 그는 날마다 그것을 신었고, 캔자스시티 시내를 쿵쿵거리며 다니는 모습도 자주 눈에 띄었다. 아이라면 누구나 새로 생긴 귀중품이 그렇게 마냥 자랑스러웠을 것이다. 그는 또 약속도 지켜 아침저녁으로 그 장화를 신고 신문을 돌렸다.

어느 봄날 신문 배달을 마친 월트는 근처의 음료수 판매대 앞에서 친구들을 만나려고 길을 건넜다. 가다가 길 한복판에 얼음 조각이 떨어져 있기에 유혹을 못 이기고 발로 걷어찼다. 월트의 발과 얼음 조각이 서로 부딪치는 순간 뭔가 뾰족한 것이 장화를 찌르면서 찌릿한 통증이 다리를 타고 올라갔다. 밑을 내려다보니 말편자의 못이 장화에 박혀 있었다. 아이는 비명을 질렀다. 못은 겉가죽을 뚫고 들어가 엄지발가락에 정통으로 꽂혔고 발과 얼음이 서로 들러붙어 있었다.

도와달라고 20분 동안 소리를 질렀으나 아무도 오지 않았다. 마침내 어떤 사람이 짐마차를 멈추고 다가와 얼음을 부수어낸 다음 그를 의사에게 데려갔다. 의사는 펜치로 못을 빼고 파상풍 주사를 놓은 뒤 진통제도 주지 않고 그를 집으로 돌려보냈다. 그는 두 주 동안 침대에 누워 있어야 했다.

그 기간에 월트 디즈니는 생각할 게 많았다. 평생 무엇을 할지도 고민이었다. 20세기 초에만 해도 16세 청소년이면 성인이 될 시간이 많이 남아 있지 않았다. 집안 형편상 대학은 꿈도 꿀 수 없었으므로 변호사나 의사가 될 수는 없나. 설령 부모에게 돈이 있다 해도 월트의 성적이 나쁜 데다 공부에 집중력도 떨어져 별수 없었다. 그의 앞날은 제한되어 있었다. 아버지의 가업을 이을 것인가, 아니면 형 로이(Roy)처럼 자신의 길을 개척할 것인가?

일상이 중단된 덕분에 월트는 여러 가능성을 상상할 수 있었다. 두 주 동안 생각이 많았을 것이다. 학교 친구인 월터 파이퍼(Walter Pfeiffer)와의 우정을 생각했을지도 모른다. 그 친구의 집안을 통해 월트는 신비로운 영화의 세계를 처음 접했다. 그는 또 그림 그리기를 좋아하고 만화로 급우들을 즐겁게 하기를 좋아하는 자신에 대해 생각했을 수도 있다. 여동생 루스(Ruth)와 둘이서 집을 보다가 바깥의 타르 통을 발견했던 때를 떠올렸을지도 모른다. 월트는 타르가 물감 대행으로 아주 좋다고 말했으나 동생은 반대했다. 그는 나중에 벗겨질 거라고 동생을 안심시켰고 결국 둘은 집의 측벽에 집들을 그린 뒤 까만색 번개무늬로 장식했다. 타르는 끝내 벗겨지지 않았다.

두 중 동안 침대에 누워 월트가 무슨 생각을 했는지 우리는 모른다. 하지만 전기 작가 밥 토머스(Bob Thomas)에 따르면 발이 나아 신문 배달에 복귀할 즈음 "그가 만화가가 되기로 했던" 것만은 분명하다.[10] 취미가 숙명으로 바뀐 것이다. 편안하던 그의 삶에 뭔가가 균열을 일으켜야 했다. 무엇이 중요한지 깨닫는 데 고통이 필요했다. 못에 찔린 일이 좋았다는 말은 아니지만, 그 덕분에 그는 귀를 기울일 수밖에 없었다. 고통스러웠던 만큼 성과가 있었다.

우리 모두에게도 그런 순간이 필요하다. 그래야 어쩔 수 없이 깨어나 주목할 수 있다. 그런 순간은 가장 예기치 못했을 때 찾아오고 우리가 원하든 원치 않든 찾아온다. 우리는 그 순간을 기다리거나 그것이 왜 왔는지 고민할 게 아니라 그 기회를 포착해야 한다. 월트 디즈니는 부상을 계기로 자신이 나중에 커서 무엇을 하고 싶은지 생각했다. 조디 놀런드는 사별의 슬픔 중에도 다른 사람들을 위로할 기회와 어쩌면 책임까지 인식했다. 에릭 밀러는 다섯 살 난 아들이 뇌종양에 걸린 이유를 더 고민하지 않고 모든 순간을 최대한 활용하기로 했다. 그러자 에릭의 삶과 주변 사람들의 삶이 변화되었다.

자신의 삶이 들려주는 말을 귀담아들으면서 당신도 결단해야 한다. 당신은 왜 자신에게 이런 일이 닥쳤는지 고민하며 후회 속에 뒹굴 것인가? 아니면 의지적 행동으로 장애물을 최대한 활용해 기회로 발전시킬 것인가? 경청은 당신의 소명을 발견하는 출발점이지만 거기가 끝은 아니다. 귀는 우리를 어느 만큼까지밖에 데려갈 수 없다. 나머지는 손이 해야 할 일이다.

당신의 삶에 귀를 기울이라.

빈 종이에 가로로 길게 줄을 긋고 그 위에 당신의 삶에 있었던

중요한 사건들을 시간 순서대로 표시해 보라.

일정한 동향과 반복되는 틀과 뜻 깊은 순간 등을 찾아보라.

당신은 늘 농구를 했는가?

어렸을 때 과학기술에 매료되었는가?

부모조차 당황했을 정도로 뭔가 특이한 점이 당신에게 있었는가?

전부 기록한 뒤 그 모두에 어떤 의미가 있을지 최소한 30분간 묵상해 보라.

당신의 소명이 뚜렷해질 때까지 매일 이것을 연습하라.

동시에 소수의 친구나 가족에게 당신이 남보다 잘하는 일이 무엇인지 물어보라.

때로 우리는 최고의 자산을 간과하는 경향이 있다.

당신의 인생을 시간 순서대로 돌아보고 사랑하는 이들의 지혜를 활용하면

당신이 혹시 놓치고 있을지 모르는 방향이 눈에 들어올 것이다.

이 과정에 대한 더 자세한 내용은 artofworkbook.com/listen을 참조하기 바란다.

조디 놀런드의 이야기에서 보듯이 고통은 우리를 목적에 깨어나게

할 수 있다. 당신의 삶에서는 어떻게 그랬는가? 다른 사람들의 삶

에서는 어떤가? 당신의 삶을 돌아볼 때 공통된 주제가 보이는가?

삶 속에 있었던 사건들이 어떤 식으로든 당신에게 말하고 있는가?

거기에 어떻게 반응할 수 있겠는가?

멘토를
만나라

02

"스승은 어느 곳에든 있다"

당신의 삶에 있었던 모든 사건은 미래
의 순간을 위해 당신을 준비시킨다.

— 작자 미상

도제

기존 생각

흔히 "자신만의 독특한 소명이기에 천직을 찾는 길은 철저히 자신의 몫이다. 성공한 사람들은 대개 자수성가한 사람들이고, 독립과 자립으로 그런 성과를 이루었다. 천직 역시 마찬가지다. 천직 찾기는 혼자의 일이다" 라고 말한다.

"모든 성공담은 공동체의 이야기다.
멘토를 만나기는 어렵지만,
도제의 기회는 어디에나 있다.
현재의 삶은 미래를 위해 당신을 준비시킨다."

혼자서는 소명을 찾을 수 없다.
그 과정에 멘토가 필요하며 다행히 도움은 어디에나 있다.

　스물세 살에 임신하는 것이야말로 지니 팽(Jinny Phang)에게 벌어질 수 있는 최악의 일이었다. 싱가포르 태생으로 인도네시아와 싱가포르를 오가며 유년기를 보낸 그녀는 사생아를 낳는다는 게 큰 문제임을 알고 있었다. 이 일로 시작된 일련의 뜻밖의 반전들이 지니의 삶은 물론 다른 많은 여자의 삶을 바꾸어 놓았다.

　"내가 시험을 잘 보지 못한 게 발단이었어요." 어느 늦은 오후(그곳 시간으로 새벽)에 그녀가 스카이프 전화로 내게 말했다.

　"싱가포르 같은 곳에서는 공부가 아주 중요해서 시험에 낙제하거나 잘 보지 못하면 그걸로 인생이 끝납니다."

　앞길이 막막해진 지니는 자카르타로 피해 조부모와 함께 살았다. 나쁜 관계를 여러 번 겪고 나서 그녀가 마침내 만난 남자는 나머지 사람들과 달랐다. 나이도 더 많고 더 성숙하고 성공한 사람이었다. 게다가 부유한 집안 출신이라서 앞날이 캄캄한 젊은 여자로서는 더 바랄 게 없었다. 그러다 그녀는 임신했다.

　그녀의 즉각적 반응은 "어머 세상에 나도 이제 엄마가 되는구나!"였다. 평소 아이들을 좋아했던 지니는 자기가 아기를 낳는다는 생각에 가슴이 뛰었다. 그러나 남자친구의 반응은 달랐다.

　"낙태해야지." 그는 말했다.

지니가 바라던 대답이 아니었다. 이전에 친구 둘이 낙태할 때 따라가 본 적이 있던 그녀는 자기만은 절대 낙태하지 않기로 다짐했었다. 지니와 남자친구는 아기를 낳을 것인지 말 것인지 한 달 동안 싸우다가 결국 결단이 불가피한 시점에 이르렀다. 남자는 낙태하지 않으면 헤어지겠다고 최후통첩을 날렸다. 그러면서 낙태만 한다면 그녀의 창업을 돕겠다는 달콤한 거래까지 덧붙였다. 창업은 지니가 늘 바라던 일이었다. 드디어 성공할 기회가 눈앞에 온 거였고 앞으로는 기회가 많지 않을지도 몰랐다.

인도네시아는 낙태가 불법이므로 지니는 앞일을 궁리하려고 싱가포르로 돌아갔다. 집에 도착해서 병원 예약을 했다가 일주일을 연기했다. 낙태 일정이 잡힌 뒤에도 미심쩍어 결심을 실행에 옮겨야 할지 그 전날까지도 종일 고민했다. 지니는 울며 기도했고 사제에게 고해까지 했다. 사면초가의 심정이었다.

"차마 못 하겠는 거예요." 그녀가 내게 말했다.

"하지만 아기를 어떻게 키울지도 막막했어요." 설상가상으로 그녀의 어머니도 최후통첩을 날렸다. 아기를 낳으려면 부모의 집에서 나가라는 것이었다.

"싱가포르 사람들은 결혼하기 전까지는 집을 떠나지 않아요. 정부 정책이기도 하고 물가가 워낙 비싸니까요." 지니의 설명이었다.

혼자서 해내야 한다고 생각하니 겁이 났다. 그뿐 아니라 그녀는 집안을 공공연히 욕되게 했다는 죄책감까지 안고 살아야 했다. 직장도 없고 다른 대안도 없는데 어떻게 살아남을 것인가?

드디어 낙태를 앞둔 전날 밤이 되었다. 낙태를 시작하려면 8시에 알약을 먹어야 하는데 그 시각이 불과 몇 분밖에 남지 않았을 때 고모가 전화를 걸어 말했다.

"알약을 다 변기에 버려라. 우리가 도와줄게. 방법은 모르겠지만 어쨌든 도와줄게."

그야말로 지니가 듣기를 고대했던 말이었다. 그녀는 아기를 살리고 싶었지만 살아갈 길이 막막했었다. 그러던 차에 그 전화가 걸려온 것이다. 때로 우리는 긍정의 말 한마디만 있어도 힘든 결정을 내릴 수 있다. 이미 옳은 일인 줄 알고 있었더라도 그 목소리가 필요하다. 밤 8시의 전화 한 통이 싱가포르의 젊은 예비 엄마에게 바로 그 일을 해주었다. 지니는 알약을 모두 변기에 버렸다.

"모든 게 제자리를 잡는 느낌이었어요. 고모의 말이 옳게 느껴진 거죠." 그녀는 그렇게 회고했다.

지니는 '그냥 옳게 느껴졌다'는 말을 자주 쓴다. 그녀에게 느낌은 중요하며 목적을 향한 여정에서 믿을 만한 표지판이다. 하지만 개인적 파산과 재정적 실패를 무릅쓰고 아기를 낳는 쪽으로 마음이 기우는 데는 감정만으로 부족했다. 확증이 필요했다. 당시 많은 사람이 온갖 이유로 낙태를 권했다. 그런데 하나같이 터무니없었다. 낙태가 시작되기 몇 분 전에 고모가 전화해서 한 말만이 옳아 보였다. 그녀를 버리지 않은 소수의 친척 중 한 사람을 통해 확증이 온 것이다.

지니는 난관을 무릅쓰고 아기를 지켰다. 가족과 남자에게 버림받고 사람들의 손가락질을 받는다 해도 그것만이 그녀에게 옳게 느껴졌다. 그녀는 집에서 나와(어머니의 말은 빈말이 아니었다) 할아버지 집으로 들어갔다. 그

집은 그녀에게 아기를 낳도록 확신을 심어 준 고모의 소유였다.

당신도 지니와 대화해 보면 그녀의 자태에 즉시 감동할 것이다. 수없이 거부당한 사람에게 당연히 따를 법한 수치심이 그녀에게는 전혀 없다. 몸가짐만 보아도 그녀가 존중받아 마땅한 사람임을 알 수 있고 정말 존중하고 싶은 마음이 든다. 그녀의 눈빛 속에는 단순히 "안 된다"거나 "너는 못한다"는 말로 꺾을 수 없는 의지가 담겨 있다. 내가 그녀의 이메일에 답신을 보낸 것도 테드엑스(TEDx) 강연회의 동영상에서 처음 본 그 눈빛 때문이었다. "내가 성격이 좀 남다르거든요." 그녀가 내게 한 이 말에 나도 동의할 수밖에 없었다. 그녀는 고통과 역경으로 단련된 강직한 여성이면서도 생명으로 충만했다.

엄청난 난관을 딛고 성공한 사람을 보면 아무래도 "자수성가한" 사람으로 보이기 쉽다. 하지만 그렇게만 본다면 만인의 성공에 필수적인 중요한 사실을 하나 간과하는 것이다. 즉 그들은 결코 혼자 힘으로 해낸 게 아니다. 지니의 복잡한 이야기를 더 깊이 파 보니 그녀 역시 마찬가지였다. 물론 그녀가 강인한 여성이라는 점은 놓칠 수 없다. 모질지 않고는 누구도 그런 삶을 감당할 수 없다. 하지만 강하기에 자칫 가려지는 부분도 있다. 지니 팽을 처음 만나는 사람이 놓치기 쉬운 것은—그녀의 용기를 과소평가할 뜻은 조금도 없지만—몇몇 중요한 사람들의 지원 없이 그녀가 그렇게 해낼 수 없었으리라는 사실이다.

우연한 도제의 기회

중세시대의 젊은이는 숙식만 제공받고 보수 없이 일하며 경험을 쌓았다. "도제"로 불리던 학생은 장인(匠人)인 스승과 때로 한 집에 살며 스승의 일가족과 식사도 함께했다. 이런 식으로 한 사람이 전문가가 되었고 이 과정은 이르면 열두 살 때부터 시작되었다.

첫 단계인 도제 기간을 마친 학생을 "숙련공"이라 했는데, 숙련공은 과감히 밖으로 나가 다른 도시들을 다니며 독자적으로 일했다. 하지만 수하에 도제를 받을 수는 없었다. 그것은 장인들만 누릴 수 있는 권리였다. 숙련공은 일의 보수를 받았지만 아직 여러모로 학생이었다. 이때는 스승에게 전수받은 기술이 현실 세계에 통하는지 실무를 통해 알아보고, 자신이 장인의 요건을 갖추었는지 시험하는 시기였다. 숙련공의 자리에는 어느 정도의 불안이 뒤따랐다. 아직 세상 속에서 제자리를 찾지 못했다는 뜻이었다.

방랑의 시절이 끝나면 숙련공은 현지의 동업조합에 걸작을 제출해야 했다. 실력이 인정되면 숙련공을 졸업하고 장인의 호칭을 얻어 동업조합에 받아들여졌고, 마침내 도제를 받을 자격도 생겼다. 그러고 나면 전체 과정이 다시 시작되었다.

이런 도제제도의 과정에 기간이 얼마나 걸렸을 것 같은가? 현대의 교육 방식을 생각해서 수개월이나 1~2년으로 어림잡을지 모르지만, 정답과는 거리가 멀다. 당시 제도에서 대개 도제는 최소한 7년을 일한 뒤에야 독립해서 나갔고, 그 후로도 다시 몇 년을 숙련공으로 지내야 마침내 장인이 되었다. 실력을 인정받았을 때에만 말이다. 전체 과정에 약 10년이 소요되었다. 열두 살 때부터 배우기 시작하면 20대가 되어서야 전문가가 되었다는 뜻이고, 시작이 늦으면 30대가 되도록 생업이 없을 수도 있었다. 그나마 운이 좋아 애초에 도제로 받아들여지기나 했다면 말이다.

하나의 기술을 숙련하는 데 자그마치 10년이 걸렸다. 지금으로써는 이해하기 힘들다. 요즘은 거의 모든 대학생이 별로 실무에 손대지 않고도 복수의 인턴 자리를 거칠 기회가 있다. 하지만 지금까지 보았듯이 소명을 찾으려면 시간이 걸린다. 탁월해지기 위해서만 아니라 소명 자체를 확인하는 데도 반드시 실습이 필요하다. 도제제도는 더 지혜롭고 노련한 사람의 지도로 기술을 익히는 탁월한 방법이었다. 하지만 요즘은 도제제도가 거의 남아 있지 않으며 이는 우리의 교육에 불행한 괴리를 낳았다. 르네상스의 발흥으로 동업조합은 쇠퇴했고, 대학이 인기를 얻으면서 도제제도는 더 일반적인 교육으로 대체되었다. 특정한 기술에 깊이 몰두하던 옛 비법은 거의 사라져 버렸다.

현대에는 잠재력을 실현하는 일이 다분히 개인의 책임이 되었는데, 이것은 힘든 정도가 아니라 아예 잔인한 조소(嘲笑)다. 만약 자기가 어떤 사람인지도 모르고 열망하는 본보기도 없다면, 어떻게 되고 싶은 사람이 될 수 있겠는가? 스스로 해나가는 데는 한계가 있다. 세간의 말과는 달리, 자수성가한 인간이란 존재하지 않는다. 우리는 다 환경의 산물이며 만나는 사람들과 사는 곳들의 영향을 입는다. 능력이 전혀 없는 상태로 태어났기에 혼자 힘으로는 의식주의 해결은 고사하고 말도 할 수 없다. 우리는 도움이 필요한 존재다. 부모가 그 과정을 시작해 우리를 하나님께 받은 정체로 자라가도록 도왔지만, 어느 시점에서 다른 사람이 그 일을 넘겨받아야 한다.

옛날의 영웅담들을 보면 젊은 영웅이 부름받고 집을 떠나 위대한 모험에 오른다. 하지만 그가 전투에 뛰어들어 용과 맞서거나 혁명에 착수하기 전에 꼭 겪어야 하는 일이 무엇이던가? 현자나 도통한 도사나 어쩌면 은퇴한 코치가 그에게 필요하다. 어떤 모습으로 등장하든 멘토가 하는 일은 단순하다. 젊은이에게 기술을 갈고 닦는 법을 가르친다. 부모를 이어받아 그를 지도한다.

그런 원리가 오늘날에는 어떤 식으로 실현되고 있을까? 당신이 혹시 생각하는 방식으로는 아니다.

비범한 인물의 삶을 보면 대개 그들은 어느 시점에 길잡이나 코치나 멘토를 만났다. 멘토가 곁에서 도우면서 그들의 능력에 투자했고 그들을 본연의 모습으로 자라가게 했다. 멘토는 한 사람일 때도 있고 그룹일 때도 있다. 어쨌든 대개 결과는 비공식적 도제의 과정이며, 그 과정에 실패와 자신에 대한 회의도 가득하지만 결국은 공부가 된다.

우리는 특출한 사람들이 혼자 힘으로 기술을 숙련했다고 생각할지 모르지만 사실 그것은 불가능하다. 다른 사람들의 도움과 원조가 없이는 당신의 소명을 발견할 수 없다. 모든 성공담은 사실 공동체의 이야기다. 자진해서 당신을 도울 사람들도 있고 우연히 당신의 공부에 이바지할 사람들도 있다. 지혜로운 사람은 그것을 모두 활용한다. 당신이 들어서는 자아발견의 길은 당신 혼자만 걷는 게 아니다. 존 돈(John Donne)은 "누구도 외딴섬이 아니다"라고 했거니와 이것은 우리가 알고 있는 만큼보다 더 기쁜 소식이다.[2] 우리는 모두 같은 길로 저마다의 숙명을 향해 행진한다. 당신의 여정은 독특하긴 하지만 동료 체류자들과 곁에서 돕는 교사들이 가득하다. 당신이 할 일은 그들을 찾는 게 아니라 그들이 나타날 때 알아보는 것이다.

　도제제도는 여러모로 자녀양육 과정의 연장(延長)이다. 미숙한 사람이 성숙하게 변해가는 일은 대개 부모나 그에 준하는 사람을 통해 시작되지만 결국은 다른 사람이 그 과정을 마무리해야 한다. 평생의 일을 향해 가는 길의 어디쯤에서 누군가 새롭고 낯선 사람이 우리 삶 속에 들어와 권위 있게 말해야 한다. 이런 사람들은 대개 예기치 않게 찾아오며 우리의 공부에 막중한 역할을 할 수 있다. 그렇다면 이런 우연한 도제의 기회를 놓치지 않는 법을 살펴보자.

길든 신발을 신는 것처럼

　아기를 낳기로 한 뒤로 지니는 평생 가장 어려운 시절에 들어섰다. 그때 그녀에게 가장 필요한 것이 공동체의 사랑과 지원이었는데 전혀 없었다. "임신 기간에 너무 외로워서 자살 충동까지 느꼈습니다. 24시간 후를 내다볼 수 없었던 때는 내 평생 그때가 처음이었어요." 그녀는 내게 그렇게 말했다.

　날마다 눈을 뜨면 지니는 또 하루를 견딘 것에 감사했고, 밤마다 불안에 겨워 울다 지쳐 잠들었다. 주변 사람들은 거의 모두 그녀를 버렸다. 그녀는 집안을 욕되게 했고, 남자친구를 잃었고, 미혼모를 2등 시민으로 취급하는 나라에서 자신의 사회적 지위를 더럽혔다. 친구들도 그녀를 어떻게 대해야 할지 몰랐다. 친구들이 밖에서 파티를 즐길 때 지니는 엄마가 될 준비를 했다. 그들은 그녀의 상황에 공감할 수 없어 점차 그녀를 제외했다. 그래도 그녀는 자신이 가는 길이 옳음을 알았다.

출산 때 간호사는 지니에게 마취 주사를 언제 맞겠느냐고 자꾸 물었다. 지니는 처음에는 사양했으나 속이 메슥거려 결국 주사를 맞았다. 고모의 권유대로 자연분만을 원했으나 아무도 방법을 알려 주지 않았다. 그래서 나름대로 최선을 다했다. 지니가 산고를 겪는 동안 그녀의 어머니는 구석에 앉아만 있었다. 생각보다 훨씬 힘들었지만, 끝까지 견뎌내 마침내 예쁜 아들을 낳았다.

"누군가 나를 지원해 주고 믿어 주고 보호해 줄 사람이 있다는 게 얼마나 중요한지 출산 과정을 통해 깨달았어요. 여자들을 안전하게 지켜 주는 게 정말 중요한 일이더군요." 그녀는 말했다.

그것은 시작에 불과했다. 당시에는 본인도 몰랐지만, 전체 경험과 출산의 고통은 머잖아 지니의 삶에 중대한 역할을 했다.

출산 후 그녀는 다시 사무실에 비서직으로 복귀했다. 그 직장은 어느 정도 안정을 가져다주었지만, 그녀를 만족하게 해 주기에는 부족했다. 일정한 시간 동안 아들과 함께 지낼 수 있는 융통성은 주어졌지만, 보수도 시원찮았고 평생 자신이 해야 할 일이라는 확신도 없었다. 그녀는 "지루해서 평생 그렇게 살 수는 없을 것 같았어요"라고 말했다. 그렇다고 포기할 그녀가 아니었다. 경원시하는 주변의 눈길에도 불구하고 그녀는 존중받고 싶었고, 그것을 얻기 위해서라면 인습을 깨뜨리는 것도 두렵지 않았다.

호기심도 채우고 지루함도 달랠 겸해서 지니는 온라인 사업을 시작했다. 모유 수유가 건강에 유익함을 엄마들에게 교육하는 일이었다. 지니의 세대는 분유를 먹고 자랐기에 싱가포르에는 수유에 대해 잘 아는 엄마들이 극소수였다. 그녀는 온라인 매장을 통해 티셔츠 등 여러 제품을 팔면서 모유 수유에 대한 인식을 높였다. 자신이 직접 아기를 모유로 기르면서 긍정적 영향을 눈으로 보았기에 좀 더 자연스러운 자녀양육법에 관심이 있는 다른 엄마들을 돕고 싶었다. 본인이 온라인 쇼핑을 많이 하는 편은 아니었지만, 이 경험을 통해 그녀에게 완전히 새로운 세계가 열렸다.

지니는 직장 생활과 육아로 바빴기에 그녀의 대인관계는 대부분 인터넷에서 만난 친구들의 네트워크를 통해 이루어졌다. 그중 호주계 중국인인 에이미(Amy)라는 친구는 싱가포르에서 조산사로 성공했다. 그 분야에 아시아인은 그녀뿐이었다. 지역민들은 그녀를 신뢰했다. 어느 날 밤 대화 중에 에이미가 한 말이 지니의 삶을 바꾸어 놓았다.

"지니, 당신이 조산사가 되면 참 잘할 것 같아요."

조산사가 뭐냐고 내가 물었더니 그녀는 "출산 코치"라고 대답했다. 아기를 낳는 과정에 대해 산모의 설계를 돕는 사람이었다. 지니는 친구의 말을 듣고 깜짝 놀랐다. 그때는 그녀도 조산사가 무엇인지 몰랐기 때문이다. 그녀가 아기를 낳을 때도 그런 사람은 없었으니 조산사가 무슨 일을 하는지 전혀 모를 수밖에 없었다. 에이미는 지니가 꼭 조산사가 되지 않더라도 강습을 받으면 좋은 경험이 될 거라고 덧붙였다.

"저는 늘 자기계발을 위해 배우는 걸 정말 좋아하거든요." 지니는 내게 말했다.

그래서 그녀는 강습에 등록해 조산사가 하는 모든 일을 배웠다. 하지만 막상 처음으로 출산을 도울 때가 되자 내용이 생각나지 않았다. 당황한 지니는 심호흡을 한 뒤 "마음이 이끄는 대로" 따랐고, 훈련받은 내용을 떠올리며 최대한 집중했다.

우선 산모의 등을 마사지해 준 뒤 계속 격려하면서 다 잘될 거라고 안심시켜 주었다. 결과는 아주 좋았다. 그 산모는 그때가 첫 출산은 아니었지만, 마취하지 않고 분만하기는 처음이라 두려웠다. 나중에 산모는 편안한 마음으로 쉽게 분만한 게 다 지니 덕분이라며 기쁨을 감추지 못했다.

"그 말을 들으니 어찌나 날아갈 것 같던지 꼭 길든 신발을 신는 것 같았어요." 지니는 그렇게 회상했다.

그 순간 그녀는 이 일을 할 수 있겠다 싶은 마음이 들었다. 그 첫 조산(助産)이 있은 직후 친구 에이미는 싱가포르를 떠났는데, 이 또한 그녀가 애초에 지니의 삶 속에 들어올 때만큼이나 신비로운 일이었다. 가장 전통적인 방법의 멘토링은 아니었지만, 지니에게 필요한 도제의 기회였다. 곧 보겠지만, 이 과정은 대개 그렇게 이루어진다.

복수의 멘토들

요즘은 멘토링이라는 말을 어디서나 쉽게 들을 수 있다. 친구들과의 대화에서도 등장하고 사업 동료들이 커피를 마실 때도 가볍게 언급된다. 하지만 말이 쉽지 멘토링을 실행하기는 훨씬 어렵다.

멘토를 찾기가 왜 이렇게 어려울까? 우선 우리가 사람이기 때문이다. 저마다 기대치와 속셈을 품은 흠 많은 인간이기 때문이다. 우리는 다 자기만의 문제를 안고 있다. 요즘 훌륭한 멘토를 찾기가 그토록 힘든 이유 중 하나는 멘토링을 받은 사람이 별로 없기 때문이다. 그동안 우리는 자수성가라는 신화를 믿었고 자립이라는 환상을 추종했다. 뭔가가 우리를 저마다의 독립과 교만으로부터 끌어내야 한다. 따라서 막상 멘토가 등장할 때는 우리가 기대하던 사람이 아닐 수 있다.

당신에게 찾아오는 도제의 기회는 아마 당신이 상상하던 바와 다를 것이다. 당신의 멘토는 당신이 꿈에도 바라던 그 교사가 아닐 수 있다. 바로 그게 요지다. 당신이 배워야 할 것은 있는 그대로의 실상이지 당신이 생각하는 당위가 아니다. 당신에게 도전하고, 당신의 기대에 부합하지 않고, 다르게 생각하고 행동하도록 당신을 떠미는 사람이야말로 당신에게 필요한 교사다. 결국, 그것이 교육자의 본분이다.

"교사는 학생이 준비되어 있을 때 나타난다"는 말은 듣기 좋은 상투어일 뿐 사실 학생은 준비되어 있을 때가 없다. 평생 우리는 수많은 사람을 만난다. 수시로 나타나는 그들은 가르칠 준비가 되어 있다. 우리가 할 일은 그들을 알아보는 것이다.

나의 삶 속에도 대학 교목, 첫 상사, 가끔 내게 물건을 고치는 법을 가르쳐 주던 동네 사람 등 많은 멘토가 있었다. 대부분 나는 그런 관계의 중요성을 깨닫지 못하다가 관계가 끝난 지 한참 지나서야 알았다. 그들의 영향력은 보일 듯 말 듯 미묘할 때도 있었고, 내게 투자하려는 시도가 분명히 보일 때도 있었다. 그런데 나는 너무 고집이 세서 그것을 고맙게 여기지 않았다. 모든 경우에 의지적으로 그 과정에 임했더라면 멘토로부터 더 많은 유익을 얻었을 것이다.

평생의 일을 찾는 과정 내내, 당신은 뜻밖의 장소에서 멘토를 찾으려는 마음이 있어야 한다. 친구들은 물론 장기간 연락이 끊겼던 친척들이나 시들해진 옛 관계들도 당신에게 필요한 감화의 출처가 될 수 있다. 사람마다 각기 역할이 있다. 적시에 등장해 당신을 응원해 줄 사람들도 있고, 당신의 고달픈 삶에 공감해 줄 사람들도 있고, 가장 요긴할 때 나타날 사람들도 있다. 그들 모두가 나름대로 멘토가 되어 당신에게 도제의 기회를 열어 준다.

그런 사람들을 어떻게 찾을 것인가? 그들은 어디서 오는가? 꼭 집어 말하기 어렵다. 아마 그들은 적시에 난데없는 듯이 나타나 당신을 놀라게 할 것이다. 온통 우연이나 신비처럼 보이지만 물론 천만의 말이다. 파울로 코엘료(Paulo Coelho)가 말했듯이 "당신이 뭔가를 원하면 온 우주가 공조하여 그 뜻을 이루게 해준다."[3] 일리가 있는 말이다. 행운은 의욕을 품은 자의 편이다. 사람이 성공에 그치지 않고 중요한 일을 하기로 작정하면 세상이 그런 야망에 자리를 내준다. 도제의 과정이 어떻게 전개될지는 예측할 수 없지만, 그것이 다가올 때 거기에 준비되어 있을 수는 있다.

조산사 강습을 받아 보라는 친구 에이미의 조언을 귀담아듣지 않았다면 지니 팽은 자신의 소명을 쉽게 놓쳤을 수도 있다. 자신에게 요구되는 일에 준비되지 못했을 수도 있다. 다행히 그녀는 행동을 취할 준비가 되어 있었고 그 작은 걸음이 모든 것을 달라지게 했다.

사람들이 자신의 삶에 누군가의 지도가 필요하다며 내게 자주 하는 말이 있다. 그들은 멘토를 찾는 법에 대한 조언을 구하는데 이는 잘못된 질문이다. 당신이 소명을 추구하면 곁에서 당신을 응원해 줄 지원 공동체를 만나게 되어 있다. 그 사람들이 어디서 오는지 또는 그들을 어떻게 찾을 것인지는 당신의 소관이 아니다. 당신은 눈만 뜨고 있으면 된다. 우연한 도제의 기회는 사방 어디에나 있다. 당신의 삶에 귀를 기울이면 그것을 알아볼 수 있다.

엘렌 프랭크(Ellen Frank)는 르네상스 이후로 세상에서 사라진 제도를 뉴욕 주 이스트 햄튼에서 되살리고 있다. 작은 스튜디오에서 소수의 인턴에게 사본 채식(彩飾)이라는 예술을 가르치는 것인데, 신성한 문서를 금으로 장식하는 기술도 거기에 포함된다. "사본 채식 아틀리에"라 불리는 이 스튜디오는 진정한 장인의 지도하에 작업하기를 원하는 입주 예술가들에게 안식처가 되고 있다.

아틀리에는 "작업실"이라는 뜻의 프랑스어 단어로 중세시대에 예술가들을 교육하던 주된 장이었다. 장인 예술가는 그런 작업실에서 대개 조수들과 도제들을 데리고 작품을 만들어 자신의 이름으로 세상에 내보냈다. 이런 공동의 작업 덕분에 예술가는 작품을 더 많이 제작함과 동시에 풋내기들을 가르칠 수 있었다.

대개 아틀리에는 도제 과정을 관장하던 현지 동업조합과 협력해서 일했다. 지금도 전 세계의 몇 곳에 아틀리에가 있긴 하지만 대중성이 크게 떨어졌다. 엘렌 프랭크가 보기에 그것은 비극이다. 그녀의 작은 작업실은 예술에 대한 열정뿐 아니라 평화와 화해에 대한 열정을 나눌 수 있는 장이다.

1999년 예루살렘에 가서 격동의 땅을 경험한 뒤로 엘렌은 사본 채식의 기법으로 대규모 작품을 제작해야겠다는 감화를 느꼈다.[4] 전시회 축하연의 초대장을 만들면서 그녀는 "은혜의 순간"을 경험했고,[5] 자신의 작품을 통해 평화와 문화적 이해라는 주제를 계속 천착하고 싶어졌다. 그녀가 설립한 재단은 사본 채식을 배우려는 인턴들에게 지원과 숙소를 제공하고 있다. 2005년부터 그녀는 15개국이 넘는 나라에서 온라인으로 인턴을 모집하여 자신의 스튜디오에 와 일하도록 초청했다.

엘렌의 스튜디오에서 일하는 인턴들은 개념의 첫 구상부터 작품의 제작까지 전체 과정에 참여한다. 재단에 꼭 필요한 사업상의 중대한 결정에도 동참한다. 그렇게 제작되는 작품에는 언제나 그들의 이름도 병기된다.

엘렌에 따르면 아틀리에가 쇠퇴하면서 예술적 기량과 솜씨도 함께 쇠퇴했다. 그래서 그녀는 자신의 작은 아틀리에를 통해 그것을 고치려 하고 있다. 다음은 그녀가 전국공영라디오와 인터뷰에서 한 말이다. "우리는 친밀한 멘토링 관계를 되살리고 있습니다. 도제들이 노련한 예술가에게 직접 배우는 교육 방식입니다. 도제들은 정식으로 인정도 받습니다. 이것은 비판을 통한 교육이나 도제들의 작품을 심사하는 교육이 아닙니다. '그래, 이렇게 해보면 어떨까?' '그래, 이쪽으로 좀 더 밀고 나가볼까?' 그렇게 말해 주는 교육입니다."[6]

엘렌은 가르칠 때 거의 어머니 같은 온유한 목소리로 학생들에게 차근차근 기량을 지도한다. 부드러운 인정의 말과 "지금이 신비의 순간이다"와 같이 기대감을 불러일으키는 말로 그들이 하는 일의 중요성을 일깨워 주면, 당연히 학생들은 자신감을 얻는다.[7] 특정한 기량 면에서 솔직히 그녀보다 더 나아진 인턴들도 있다. 이것이 도제 과정의 위력이다. 도제를 잘 양성하려면 중요한 것은 정보의 교환이 아니라 장인의 기술을 전수하여 배가하는 일이다.

이 작은 스튜디오는 시작에 불과하다. 엘렌의 진짜 꿈은 예술가들만 아니라 온갖 부류의 사람들이 와서 배울 수 있는 "개방형 아틀리에"다.[8] 라디오로 그녀의 이야기를 들으면서 나는 교육이 그쪽—비좁은 스튜디오 안의 페인트 얼룩과 지저분한 작업복 쪽—에 더 가까워져야 한다는 생각을 떨칠 수 없었다. 학생들이 수동적으로 앉아 한번에 90분씩 슬라이드 발표만 쳐다보는 대형 강의실 쪽보다는 말이다.

학교가 강의실보다 아틀리에에 더 가까운 그런 세상을 상상할 수 있는가? 그것이 그다지 비현실적이지 않은 분야들도 있다.

독일은 서유럽에서 실업률이 가장 낮다. 비결은 청년들이 직업학교에 들어가 학습과 일을 병행할 수 있는 "이원화 제도"에 있다. 이 학생들은 주당 몇 시간씩 산업체에서 일하고 나머지 시간은 학교에서 보낸다. 대부분의 인턴제도와 달리 이들은 정식 직원의 보수에서 일정 비율을 지급받는다. 그들 중 90%는 프로그램을 끝까지 이수하고, 절반은 도제 기간이 끝나도 회사에 남는다.

이런 고용 경험을 통해 국가의 부가가치가 높아질 뿐 아니라 학생들이 받은 교육이 그대로 현실 세계에 활용된다. 세상의 다른 지역들은 실업률이 치솟지만, 독일은 오히려 노동력이 부족하다. 일할 의욕과 자격만 갖추었다면 좋은 일자리는 누구에게나 있다. 부족한 것은 일할 사람이다. 어쩌면 세상의 다른 지역들도 마찬가지다. 우리에게 필요한 것은 더 많은 일자리가 아니라 본연의 일을 하도록 사람들을 무장시켜 줄 더 좋은 방법이다. 독일은 그런 제도를 통해 창출되는 많은 일자리를 다 감당할 수 없을 정도다.[9]

도제제도는 당신에게 전문가의 지도, 특정 분야의 지식, 도전적 환경의 경험 등을 주기 위한 것이다. 이 모두가 미래를 위해 당신을 준비시켜 준다. 하지만 아무리 전망이 좋아도 쉬운 일은 아니다. 도제의 기회를 찾는 데는 물론이고 그것을 끝마치려면 많은 용기와 끈기가 요구된다.

삶이란 복잡하고 어수선해 교과서에 나오는 것과 다를 때가 많다. 우리는 대부분 자신의 길을 찾느라 애쓰고 있다. 누군가의 지도가 절실히 필요한데 대개 그것이 요원해 보인다. 그러니 손을 떼고 더 안전해 보이는 길을 택하고 싶을 수 있다. 하지만 의미 있는 일을 할 기회는 우리의 선택에 달려 있다. 바른 곳들을 보고 그대로 겸손히 받아들일 마음만 있다면 배우고 성장할 기회는 얼마든지 있다.

자신의 환경을 활용하라: 스티브 잡스의 전략

당신이 다니는 모든 곳과 만나는 모든 사람과 거쳐 가는 모든 일자리는 당신이 독학으로 더 명료하게 배울 기회다. 인생은 교실이다. 잘 주목하면 매일 주어지는 교훈을 알아볼 수 있다. 하루하루의 삶은 끝없는 교과서의 새로운 페이지다. 학생의 자리에 앉으면 도제의 과정이 이미 시작되었음을 알 수 있다.

이 과정을 시작하는 현명한 방법은 이미 주어져 있는 도구들을 가지고 실제로 해보는 것이다. 전통적 멘토들을 만나기는 어렵지만, 당신이 가져다 쓸 수 있는 지혜와 경험이 이미 나와 있다. 당신의 길을 찾는 데 도움이 될 결정을 내리도록 당신을 지도해 줄 교사들이 있다. 지금 당신이 전화해 대화할 수 있는 사람은 누구인가? 당신이 부탁하면 이번 주에 당신을 만나 커피를 함께 마실 친구나 옛 코치는 누구인가? 우리는 모두 내게 관심을 갖고 투자해 줄 사람을 찾으려 하면서도 그런 사람들이 이미 내 삶 속에 있음을 모른다. 멘토를 만나는 최악의 방법은 애써 찾아다니는 것이고, 멘토를 만나는 최고의 방법은 이미 주위에 있는 사람을 알아보는 것이다.

지니 팽은 간신히 연명하면서 여러 해 동안 자신의 길을 찾으려 했다. 거창한 소명을 추구한 게 아니라 그냥 살기 위한 몸부림이었다. 하지만 평생의 일을 우리는 그런 식으로 만난다. 다른 것을 추구하거나 먹고살려고 애쓰거나 그냥 또 하루를 견디다가 만난다. 그러다 보면 문득 예기치 못한 뭔가가 등장해 모든 것을 바꾸어 놓는다. 그 뭔가는 사람일 때가 많다. 스승은 당신이 가장 예기치 못한 순간에 나타난다.

지니에게도 여정의 길잡이 역할을 해준 사람들이 몇 있었다.

우선 고모가 그녀에게 아기를 낳으라고 격려하며 거처를 내주었다. 또 친구 에이미는 지니가 훌륭한 조산사가 될 거라며 강습을 받도록 설득했다. 끝으로 싱가포르의 미혼모들에 대한 다큐멘터리 영화를 만든 제작자가 지니의 룸메이트가 되었다. 지니의 사업이 커지자 룸메이트가 지니 대신 아기도 봐주고 웹사이트 개설과 같은 행정 업무도 맡아 주었다. 지니는 이런 사람들의 지원이 없었다면 "지금의 나는 없었을 겁니다"라고 고백했다.

사람마다 그녀에게 필요할 때 적시에 나타나 서로 다른 역할과 독특한 방식으로 그녀를 도왔다. 이런 모델은 르네상스 이전의 도제제도와 현격히 달라 보이지만 이루어내는 결과는 같다. 우연한 도제의 과정이 시작되려면 자신의 삶에 귀를 기울여야 하고, 자신이 평생의 일을 위해 이미 준비되고 있는 방식들에 주목해야 한다. 지니가 성공할 수 있었던 것은 무엇 하나라도 계획했기 때문이 아니라 기회가 왔을 때 알아보고 행동을 취했기 때문이다.

애플 컴퓨터의 공동창업자인 스티브 잡스(Steve Jobs)도 그렇게 시작했다. 그의 학력이라고는 비공식 교육이 거의 전부다. 처음에 리드(Reed) 대학에 잠깐 다니다가 수업료가 너무 비싸 6개월 만에 중퇴했고, 그 뒤로 캠퍼스에 남아 친구들 기숙사의 방바닥에서 자면서 몇 과목을 청강했다. 그중 서법(書法) 수업은 훗날 본인이 인정했듯이 초기의 맥(Mac)에 쓰인 멋진 활자에 영향을 미쳤다.

나중에 잡스는 스티브 워즈니악(Steve Wozniak)과 친구가 되었는데, "워즈"는 애플을 함께 설립하기 전에 잡스를 아타리(Atari)에 취직하도록 도와주었다. 워즈가 퐁(Pong)이라는 게임의 초기 버전을 재설계한 게 있었는데 잡스가 그것을 자신의 작품으로 통과시켜 기술자로 채용되었다.

대인관계가 원만하지 못했던 잡스는 아타리에 근무하는 동안 디자인, 소프트웨어 개발, 소비자를 위한 기술 창출 등에 대해 중요한 교훈을 배웠다. 기회 있을 때마다 그는 각기 다른 출처를 통해 지도와 지식과 경험을 얻었고, 나중에 애플과 픽사(Pixar)에서 생활할 때 그것을 전부 써먹었다.[10]

도제 생활의 모든 요소를 한 곳에서 만나는 경우는 드물다. 하지만 바른 곳들을 예의주시하면 다 만나게 되어 있다. 그러므로 도제의 과정은 수업을 듣거나 멘토를 만나는 문제가 아니라 당신의 선택이다. 그런 의미에서 우연한 도제의 기회는 결코 우연이 아니라 자신의 평생의 일을 창출하는 데 필요한 기회들을 의지적으로 선택하는 과정이다.

이 방법은 공식 교육과 달라서 누구나 이용할 수 있다. 교사가 와서 당신을 뽑아 주기를 기다리거나 교육 기관이 당신을 합격시켜 주기를 기다릴 필요가 없다. 당신만 준비되어 있다면 도제의 과정은 언제라도 시작될 수 있다.

도제에서 장인으로

지니 팽의 상사는 중앙지 전면에 실린 그녀의 기사를 보고 달가워하지 않았다. 싱가포르에서 미혼 여성의 임신은 금기시되는 주제이며, 대개 미혼모는 텔레비전 출연은 고사하고 자신의 처지를 발설하지 않는다. 따라서 선뜻 발설하려는 사람들은 세간의 이목을 끄는 경향이 있다.

지니는 무지를 쫓아내는 교육의 위력을 믿기에 다큐멘터리, 시사 프로그램, 뉴스쇼 등에서 섭외가 들어오는 대로 다 출연했다. 거기서 자신의 이야기와 현재 하는 일을 나누었다. 머잖아 그녀의 포부가 상사의 귀에 들어갔다. 심기가 불편해진 그는 그녀에게 새로 발견한 열정의 대상과 안정된 현 직장 중 하나를 택하게 했다. 그러면서 본업에 남을 경우 보수를 올려 주겠다는 제의까지 했다.

"결단의 기로였습니다." 지니가 말했다.

"보장된 직장에서 일하든지 아니면 믿음의 도약을 감행해 싱가포르 초유의 길을 걷는지 둘 중 하나였지요."[11]

당시 싱가포르에 전업 조산사는 없었다. 지니의 호주 친구인 에이미는 싱가포르를 떠났고 나머지 소수의 조산사는 시간제로만 일하고 있었다. 그 일로 생계가 가능할지 아무도 몰랐으므로 상당한 도박이었다. 이런 상황과 관련해 간혹 듣는 속담으로 "뛰어내리면 그물이 나타난다"는 말이 있다.[12] 궁지에 몰리면 없던 답도 생겨난다는 뜻이다. 사방이 막힌 것 같을 때는 아무리 두려운 길이라도 위험을 무릅쓰고 "전력을 다하는" 게 상책이다. 지니도 그렇게 했다. 일단 뛰어내렸다.

그로부터 10년이 지난 지금 지니는 싱가포르 내 동종 업계의 최대 회사로 7명의 종업원을 둔 포 트라이메스터즈(Four Trimesters)라는 조산사 전문 업체를 운영하고 있다. 그녀는 다수의 텔레비전 프로그램과 뉴스 기사에 소개되었고 테드엑스 행사에서 강연할 기회도 있었다. 그야말로 난관을 뚫고 인내해 열정을 현실로 바꾸어 놓은 이야기다. 세상에 자수성가한 여자가 존재한다면 지니가 바로 그런 사람이다. 하지만 정말 그 일을 혼자서 다 했을까?

그녀가 제일 먼저 나서서 아니라고 말할 것이다. 남자친구의 최후통첩을 받았을 때는 힘들었고, 어머니한테 집에서 쫓겨났을 때는 더 힘들었다. 어려운 경험이었고 지금도 고통스러운 기억이다. 10년이 지난 지금도 낯선 사람들은 그녀가 미혼임을 알면 삐딱한 눈으로 쳐다본다.

어린 시절의 지니에게 커서 무엇이 되고 싶으냐고 물었다면 "조산사"라고 답하지 않았을 것이다. 누군가의 권유를 받기까지는 생전 생각해 본 적도 없던 일이었다. 그녀는 늘 사업을 하고 싶었지만, 막상 방법이 묘연했었다. 그런데 일련의 우연을 통해 길이 열렸다. 계획한 일은 아니었으며 (적어도 그녀의 계획은 아니었다) 사건들이 전개될 당시에는 그녀 자신도 뭐가 어떻게 되는지 몰랐다. 하지만 몇몇 사람의 도움과 지도로 지니는 자신의 소명을 발견했다.

"다섯 살 때 나는 무용수와 사업가가 되고 싶었습니다." 지니가 내게 보낸 이메일에 쓴 말이다.

"열세 살 때는 좋은 상담자가 될 거로 생각했고, 라디오 디제이를 잘 할 거라는 말도 들었어요. 30대가 된 지금도 나는 여전히 진행 중입니다. 어린 시절의 모든 꿈이 조산사라는 일을 통해 실현되고 있더군요."[13]

인간의 인내력과 생존 의지는 대단하다. 지니의 이야기는 인간의 정신적 지구력을 증언해 준다. 동시에 공동체의 위력에 대한 증언이기도 하다. 소명을 결코 혼자 힘으로 찾을 수 없음을 일깨워 준다. 우리는 다 도움이 필요한 존재다.

아기를 낳을지 말지 결정하던 예전 그때만 해도 지니는 현재의 모습을 상상할 수 없었다. 지금 그녀는 자신이 처음 엄마가 될 때 받지 못했던 지원을 다른 여성들에게 베풀고 있다. 그런데 지니의 이야기가 특별한 것은 그녀가 도움을 받았기 때문이 아니라―도움이야 요긴할 때 언제라도 찾을 수 있다―도움이 왔을 때 그것을 알아보았기 때문이다.

잊지 마라. 이 모두는 지니가 시험을 잘 보지 못해서 시작되었다. 지금의 그녀를 있게 한 것은 남다른 교육이 아니다. 일련의 예기치 못한 사건들과 아닐 것 같은 멘토들이 더없이 좋은 성장의 기회를 만들어냈다. 우연한 도제의 기회란 바로 그런 것이다. 이런 경험을 일부러 지어낼 수는 없지만 바른 시각만 있으면 그것을 쉽게 알아볼 수 있다.

소명을 발견하도록 우리를 돕는 사람들은 때로 가장 아닐 것 같은 곳에서 온다. 우리가 할 일은 그들을 알아보는 것이다.

<u>도제의 과정을 직접 설계하라.</u>

멘토를 찾아 나서지 말고 이미 주변에 있는 멘토들을 알아내라.

만나서 커피나 점심을 함께하자고 청할 만한 대상은 누구인가?

그런 사람들의 명단을 만들어 연락을 취하라.

미리 준비해 질문하고 상대의 답을 기록하라.

나중에 감사 카드를 보내면서 특히 당신이 배운 내용과

다시 만날 의향을 나누라.

그 중 뜻이 맞는 사람들과 꾸준히 만나 관계를 유기적으로 발전시켜 나가라.

멘토를 찾는 데 대한 더 자세한 내용은 artofworkbook.com/apprentice를 참조하기 바란다.

지니 팽의 이야기는 우리가 혼자인 것 같을 때도 우리를 지도해 줄
사람들이 있음을 보여 준다. 당신의 삶에도 적시에 나타났던 사람
들이 있는가? 당신의 과거를 돌아보면 우연한 도제의 기회들이 보
이는가? 현재 당신에게 영향을 미치고 있는 사람들은 누구인가?

고통스럽게 연습하라 03

당신에게 요구되는 일
보다 항상 더 많이 하라.

－조지 S. 패튼
(George S. Patton)

"성공은 어려움을 뚫고 자기를 알아가는 과정이다"

연습

기존 생각

흔히 "천부적인 재능이 뒤따르기 때문에 자기 일을 찾았을 때 그 일이 쉽고 가벼움을 느낀다. 즐겁고 흥분된다. 재미없거나 지루해지면 그 일은 천직이 아니다. 천직은 노력이 필요하지 않을 만큼 쉬워야 한다"고 말한다.

"자기 일을 천직으로 만들기 위해서는 꾸준한 연습이 필요하다. 진정한 연습에는 고통이 따른다. 시간뿐 아니라 의지적 노력이 필요하다. 하지만 성미에 잘 맞는 일도 있다. 마음을 열고 새로운 기술을 배우라. 당신을 이끌어 줄 감화의 불꽃에 주목하라."

소명이란 늘 쉽지만은 않으며 노력을 요구한다.

무엇이 내 본연의 일이고 무엇이 아닌지는 연습해 보면 알 수 있다.

스테파니 피셔(Stephanie Fisher)는 고향인 뉴욕 주 제임스타운에서 조지아 주 어거스타까지 정확히 1,250km의 먼 길을 왔다. 그녀는 꿈을 포기할 마음이 없었다. 때는 2010년, 그녀는 "아메리칸 아이돌"에 이번까지 일곱 번 지원했다. 가수가 되기 위한 오디션에서 이 단계까지 오기는 처음이었다. 그런데 이번에는 심사위원 앞에 서는 거니까 결과가 다를 것이었다.

대학에서 생화학과 커뮤니케이션을 복수 전공한 23세의 스테파니는 이번 오디션에 성공하려는 각오가 대단했다. 수십 명의 참가자가 최종결선 진출을 놓고 경쟁할 "할리우드 위크"에 자신도 꼭 초대받고 싶었다. 시간제 모델로 일하며 석사과정을 밟고 있던 그녀는 가수가 될 꿈을 이루려면 시간이 얼마 남지 않았다고 생각했다. 지금이 아니면 영영 어려울 것 같았다.

"연예인이 될 시간은 내 인생에 4년밖에 남지 않았어요." 오디션을 보기 직전에 그녀는 한 현지 신문에 그렇게 말했다.

"그러니 기회가 있다면 잡아야지요."

반짝거리는 은빛 상의에 진주 목걸이를 걸고 그물 스타킹을 신은 스테파니는 미국에서 가장 인기 있는 오디션 무대에 올라 심사위원들 앞에서 불안한 미소를 지었다.

"와우!" 심사위원 두엇이 그녀의 옷차림을 보며 말했다.

"정말 특이하게 입으셨네요." 랜디(Randy)가 농을 쳤다.

사이먼(Simon)은 못 봐주겠다는 기색이 역력하게 눈알을 굴렸다.

"좋아요. 한번 들어봅시다." 카라(Kara)가 말했다.

끈 달린 흑백 단화를 신은 스테파니는 준비 자세인 듯 다리를 벌렸다. 그리고 페기 리(Peggy Lee)의 "피버"(Fever)를 부르기 시작했다.

"당신을 얼마나 사랑하는지 몰라요. 얼마나 좋아하는지 몰라요…"

거기서부터 스테파니는 손가락을 마주쳐 소리를 내면서 심사위원들을 도발적으로 노려보았다. 그들은 들으라는 듯이 신음 소리를 냈다. 박자도 음정도 엉망이었다. 본인을 포함해 그 자리에 있던 모든 사람이 알았다.

그들이 그만하라고 하자 스테파니는 얼굴을 찡그렸다.

"감사합니다, 스테파니." 사이먼이 말했다.

"어떻게 보셨나요?" 카라가 그에게 물었다.

"형편없어요. 솔직히 아가씨, 당신은 노래를 못합니다."

스테파니의 괴로운 이야기는 유튜브 동영상에서 이미 엄청난 조회 수를 기록했다. 그녀는 그날의 객원 심사위원인 빅토리아 베컴(Victoria Beckham)이 앞에 있어 약간 스타에게 홀렸다고 고백했다. 나중에 그녀가 어느 기자에게 한 말에 따르면 제작진이 그렇게 말하게 시켰다고 한다. 빅토리아는 스테파니를 더 편하게 해주려고 자기가 뒤로 돌아앉겠다고 제안했다. 스테파니는 그대로 응했지만, 내가 보기에 그 제안은 강요이자 약간 지나친 연극처럼 느껴졌다.

젊은 대학원생은 좀 더 어색하게 다시 시작해 이번에는 슈프림스(The Supremes)의 "베이비 러브"(Baby Love)를 불렀다. 처음보다 나을 게 없었다.

한두 소절 만에 빅토리아는 다시 돌아앉았다. 이번에는 카라도 비판적 발언에 가담해 차라리 빅토리아가 보고 있을 때가 더 나았다고 말했다. 심사위원들 사이에 다시 한바탕 웃음이 터졌다.

"최대한 정중히 말씀드리지요." 사이먼이 극적인 효과를 위해 잠시 뜸을 들인 뒤 정통 영국 발음으로 말했다.

"당신의 목소리는 지독합니다."

"정말요?" 스테파니는 망연자실한 표정이면서도 여전히 불안한 미소를 지으며 말했다. 그렇게 많이 준비했고 오랜 세월 꿈꾸어 왔는데 결과가 이거란 말인가?

"예." 랜디가 동정적인 말투로 받았다.

"노래 쪽은 아니신 것 같네요."

"시간을 조금만 더 주실 수 없나요? 그럼 떨리지 않을 텐데…" 그녀가 애원했다.

"몇 년은 드려야 할걸요, 스테파니." 사이먼의 말에 심사위원들이 또다시 일제히 웃었다.[2]

세월이 흘러 우리 집의 사무실에서 혼자 그 장면을 보면서 나는 그 말 속에 깊은 진실이 담겨 있음을 깨달았다.

재능의 신화

전형적인 이야기다. 오디션 프로그램을 꽤 본 사람들은 다 안다. 평생 성공을 꿈꾸며 도전을 노리던 젊은이가 기회를 찾아 집을 떠난다. 기회를 잡아 스포트라이트 앞에 섰지만, 수많은 청중 앞에서 완전히 죽을 쑨다.

가슴 아프지만 즐거운 볼거리다. 남의 불행을 즐기는 데 대한 일말의 죄책감이 우리 모두에게 있다.

그러나 가장 괴로운 부분은 종종 탈락한 뒤에 벌어지는 싸움이다. 심사위원들이 참가자에게 실력이 없다고 말하면 참가자는 이런 식으로 항변한다. "이해가 안 가요. 평생 연습했거든요. 보컬 코치까지 채용했습니다. 이건 나의 꿈입니다. 다들 내가 노래를 잘한다고 하던데요." 내가 어떤 프로그램에서 봤던 중년 남자는 탈락하자 심사위원들에게 이의를 제기하며 하는 말이, 자기가 밤마다 세 시간씩 안무가와 함께 연습했는데 그들이 뭘 몰라서 그러는 거라고 했다.

다들 잘 아는 이야기다. 황금 시간대의 예능 프로그램을 구성하는 소재다. 하지만 정반대의 일이 벌어질 때는 어떤가? 무명인이 무대에서 만인을 압도해 비판자들을 깜짝 놀라게 할 때는 어떤가?

수잔 보일(Susan Boyle)이 2009년 "브리튼즈 갓 탤런트"(Britain's Got Talent)에 출전했을 때 그런 일이 벌어졌다. 억센 스코틀랜드 억양에 외모가 수수하고 약간 도도한 기색마저 있던 중년 여성 수잔은 심사위원들의 예상을 뒤엎었다. 그녀가 "레미제라블"의 "나는 꿈을 꾸었네"를 부르자 기립박수가 터져 나왔다. 한 사람은 30초 만에 청중을 매혹해 국제적 팝스타가 되는데 다른 사람은 그렇지 못한 이유가 무엇일까? 무엇이 달라서 그럴까?

전통적 답은 재능의 유무다. 그것이 애초에 오디션 프로그램이 존재하는 이유다. 열정만 내세울 게 아니라 자신이 잘하는 일을 찾아라.

"당신은 정말 똑똑한 사람입니다." 카라는 젊은 스테파니가 너무 실망하지 않도록 좀 더 생산적인 방향을 가리켜 보이며 그렇게 말했다.[3]

하지만 그렇다면 힐러리 스캇(Hillary Scott)의 성공은 어떻게 설명할 것인가? 그녀는 "아메리칸 아이돌"에 두 번 나갔지만, 심사위원 앞에 서 보지도 못했다. 하지만 그 후 그룹 레이디 앤터벨룸(Lady Antebellum)을 결성했다. 그래미상을 일곱 번이나 수상한 세계 최고의 인기 그룹 중 하나다. 팝가수 콜비 카레이(Colbie Caillat)는 어떤가? 그녀도 "아메리칸 아이돌"에서 두 번 탈락했다. 역설적이게도 그때 불렀던 창작곡 "버블리"(Bubbly)가 훗날 히트해 그녀의 앨범과 싱글앨범이 각각 6백만 장과 1천만 장 이상 팔리는 데 기폭제가 되었다.⁴ "당신은 재능이 부족합니다." 답이 그렇게 간단하다면 스캇과 카레이는 포기할 이유가 있었다. 하지만 그들은 포기하지 않았고 마침내 인내의 결실을 보았다. 적어도 그들의 경우에는 그랬다. 그러니 어쩌면 재능 외에 다른 요인이 있을지도 모른다.

지난 수년 동안 연구자들이 논증했듯이 평소 우리가 생각하던 타고난 재능은 사실 고된 재래식 연습의 결과다. 「재능은 어떻게 단련되는가?」(부키 역간)의 저자 제프 콜빈(Geoff Colvin)은 "재능에 과연 의미가 있을진대 그것은 우리가 생각하는 의미는 전혀 아니다"라고 썼다.⁵ 그는 성과가 뛰어난 사람들, 세계 정상급 운동선수들, 천재로 통하는 연주자들에 대한 수많은 연구를 인용하면서 그들이 성공한 원인이 연습이라고 역설했다. 드물게 선천적 재능의 사례가 입증되는 경우에도 재능에 혹독한 훈련이 항상 뒤따랐다고 그는 주장했다. 그에 따르면 "이런 연구 결과가 곧 재능이 존재하지 않는다는 증거는 아니다. 하지만 흥미로운 가능성을 제시하는 것만은 분명하다. 재능이 존재한다 해도 성공과 무관할 수 있다." 다시 말해 철저한 준비 없이는 아무도 전문가의 경지에 이를 수 없다. 그렇다면 탁월

성은 재능의 문제가 아니라 연습의 문제다.[6]

그래미상 2회 수상자인 콜비 카레이도 그렇게 증언했다. 그녀는 "아메리칸 아이돌"의 심사위원들이 자신을 탈락시킨 게 옳다고 했다.

"나는 수줍고 떨렸어요. 최고의 모습이 아니었죠. 아직 준비되지 않았던 겁니다. 오디션에서 그들이 나를 떨어뜨린 게 오히려 다행이었어요."[7] 들었는가? 그녀는 자신이 탈락한 것을 다행이다 못해 고맙게 여겼다. 덕분에 더 열심히 노력했고 자신의 기량이 최선의 상태가 아님을 깨달았다. 실패가 그녀를 더 나아지게 한 것이다.

"아메리칸 아이돌"에서 탈락했지만, 나중에 슈퍼스타가 된 사람들과 스테파니 피셔는 차이점이 있는가? 그게 재능이 아니라면, 그렇다면 무엇일까? 리얼리티 쇼의 탈락자들과 향후의 팝스타들의 격차가 연습 하나만으로 설명될까? 아니면 뭔가 더 깊은 질문을 해야 할까? 실력보다 열정이 앞서 아무리 노력해도 안 될 성싶은 사람을 우리도 다 알고 있다. 그런 사람들에게 뭐라고 조언해야 할까? 그들의 얼굴을 빤히 쳐다보며 "더 열심히 해보십시오"라고 해도 될까? 그건 어딘지 틀린 것 같다.

스테파니라고 열심히 하지 않았을까? 분명 열심히 노력했다. 그녀는 일곱 번이나 탈락했지만, 포기하지 않았다. 어찌 그 노력에 이의를 제기하겠는가. 그녀의 문제는 연습의 양이 아니라 연습의 종류였는지 모른다.

노력해 보았다는 변명

부모들은 우리에게 노력하라고 했다. "중요한 건 네가 얼마나 잘하느냐가 아니라 최선을 다했느냐이다." 아버지가 내 성적표를 보며 늘 하던 말이다.

나는 "최선을 다했다"는 그 변명으로 나의 탁월하지 못함을 둘러대며 인생의 태반을 보냈다. 실패에 부딪칠 때마다 무조건 그런 식으로 넘어갔다. "적어도 시도는 해보았다"는데 누가 무엇을 더 요구하겠는가.

능력에 부치는 도전에 맞닥뜨릴 때마다 나는 노력해 보았다는 변명을 들먹였다. 예컨대 색소폰 연주도 그랬다. 그 목관악기를 6개월간 건성으로 불어 보다가 결국 좌절감이 들어 그만두었다. 너무 어려웠거나 어쩌면 그냥 흥미가 없었는지도 모른다. 최선을 다해 노력하는 듯했지만, 사실은 그렇지 않았다. 내가 생각하는 능력과 실제로 가능한 일을 서로 혼동했다.

우리 중 많은 이가 자신의 능력을 보는 관점에 근본적으로 문제가 있다. 인간은 자신에 대한 기대치를 넘어설 때가 많다. 하지만 그런 반대의 증거에도 불구하고 우리는 계속 재능의 신화를 믿는다. 즉 특정하게 타고난 사람이 따로 있으며, 자신은 환경을 뛰어넘을 수 없고 여태 해본 것보다 큰 일은 성취할 수 없다고 믿는다. 이것은 자신을 기만하는 행위다.

나는 내 능력의 한계에 도전해 보지도 않고 색소폰 연주를 포기했다. 기타를 치기 시작했을 때도 똑같은 일이 일어났기에 그것을 안다. 기타도 6개월간 "해보고" 나니 그만두고 싶어졌다. 그런데 이번에는 아버지가 가만두지 않았다. 내가 혼날 짓을 할 때마다 아버지는 벌로 다른 모든 활동을 못하게 했다. 그런데 기타만은 예외였다. 아버지는 내게 "음악을 들으려면 직접 연주할 줄 알아야 한다"고 말했다. 내가 잘못을 저질러서 훈육을 받은 것이었는데, 아버지는 그것을 통해 나를 성장의 자리로 몰아넣었다. 그 방법은 정말 통했다. 6개월의 고비를 넘기고 몇 달을 더 연습하니 성장기에 늘 들었던 어려운 곡들을 생각보다 더 잘 치게 되었다.

분명히 당신도 똑같은 경험이 있을 것이다. 자신이 못할 줄로 알았던 일을 해내고는 스스로 놀란 적이 있을 것이다. 코치가 격려해 주었거나 부모가 다그쳤거나 한순간 감화를 받고 스스로 의욕이 생겼을 수도 있다. 어쨌든 좀 더 깊이 들어가 더 헌신했더니 신기하게도 불가능한 일이 이루어졌다. 모두가 당신의 사고방식이 달라졌기 때문이다. 우리의 뇌와 몸속에는 생각보다 큰 잠재력이 내장되어 있다. 믿기만 하면 그 자물쇠를 열 수 있다.

심리학 교수 캐럴 드웩(Carol Dweck)은 거부당할 때 사람마다 반응이 다른 이유를 설명하면서, 성공한 사람과 실패한 사람의 차이는 대개 사고방식으로 귀결된다고 썼다.[8]

드웩은 대부분의 사람들이 고착 사고방식과 성장 사고방식 중 하나를 품고 산다고 보았다. 고착 사고방식에 따르면 인간은 특정한 가짓수의 유한한 능력을 타고나며 그 능력을 뛰어넘을 수 없다. 그러나 성장 사고방식에 따르면 인간의 잠재력은 무한하므로 언제나 더 나아질 수 있다. 이런 사람에게 목표란 세상 최고가 되는 것이 아니라 어제보다 나은 자신이 되는 것이다. 선천적 재능의 여부와 관계없이 모든 사람은 자신을 발전시킬 능력이 있다.[9]

최선을 다하라던 아버지의 말은 나를 실망하게 하려던 뜻이 아니었다. 아버지는 내게 인생의 값진 교훈을 가르쳐 주었다. 타고난 능력에 의지하기보다는 노력이 더 중요하다. 왜 그럴까? 당신은 생각보다 능력이 많기 때문이다. 가능성에 도전해 노력하면 뭔가 새로운 것을 배우고, 그 결과 당신은 성장한다. 대부분의 기술이 타고나는 게 아니라 연습으로 터득하는 것임을 깨닫는다. 성장 사고방식을 취해 꾸준히 힘써 연습할 마음만 있다면 최소한 그게 가능하다. 아무리 재능이 뛰어난 사람도 올바른 태도와 다년간의 연습이 없이는 성공할 수 없다.

사고방식만으로 부족하다

그런데 스테파니 피셔는 올바른 태도가 없었을까? 충분히 집중하지 않았을까? 충분히 믿지 않았을까? 아니면 그녀에게 뭔가 다른 부족한 것이 있었을까?

"주도면밀한 연습"이란 말은 플로리다대학교의 스웨덴 심리학자 K. 앤더스 에릭슨(K. Anders Ericsson)이 처음 만들어냈다. 그의 연구에 따르면 탁월성의 원인은 재능이 아니라 연습이다. 하지만 달인의 수준에 이르려면 아무 연습이나 다 되는 게 아니라 특정한 종류의 연습이 필요하다.[10]

인류 역사상 이 시대는 다른 웬만한 덕목보다 안락을 중시한다. 그러다 보니 우리가 간과해 온 중요한 진리가 하나 있다. 안락에서는 결코 탁월성이 나오지 않는다. 자기 일에 훌륭해지려면 연습이 필요하다. 단 아무 연습이나 다 되는 게 아니라 고통이 따르는 연습, 자신을 넓히고 키우는 연습이어야 한다. 에릭슨이 "주도면밀하다"고 표현한 이런 연습은 극히 어려워 차라리 "고통스럽다"고 표현하는 게 더 적합할지도 모른다. 소요 기간은 약 10년 또는 1만 시간으로 우연히도 도제의 평균 기간과 일치한다. 하지만 이것은 연습의 끝이 아니라 시작일 뿐이다. 다시 말해서 1만 시간을 채운다고 곧바로 전문가가 되는 것은 아니다. 올바른 종류의 연습을 해야 한다.

「탤런트 코드」(웅진지식하우스 역간)의 저자인 대니얼 코일(Daniel Coyle)에 따르면 올바른 종류의 연습이란 실패로 끝나는 업무를 반복하는 과정이다. 실패에 실패를 거듭하다가 당신은 마침내 성공하고, 그리하여 그 일을 하는 올바른 방법뿐 아니라 최고의 방법을 배운다.[11] 코일은 이것을 "깊은 연습"이라 한다. 시간만 충분히 쏟아 부어서는 한계가 있다. 어떤 기술이든 그것을 통달하려면 먼저 업무를 정한 뒤 그것이 제2의 천성이 될 때까지 끝없이 반복해야 한다. 실패할수록 매번 더 집중해서 그 행동을 되풀이하면 결국 제대로 하게 된다.[12]

흔히 뭔가를 잘하려면 시간만 들이면 된다고 생각한다. 시간만 충분히 쏟아 부으면 결국 실력이 좋아진다고 생각한다. 하지만 늘 그런 것은 아니다. 에릭슨의 연구에서 1만 시간의 연습은 세계 정상급 실력자들의 공통된 특성이었지만 유일한 특성은 아니었다. 달인들을 보니 그만한 연륜이 쌓여 있더라는 말이지, 1만 시간만 들이면 누구나 달인의 경지에 도달할 수 있다는 처방은 아니다. 연구에 등장하는 모든 실력자는 특정한 종류의 연습이 몸에 배어 있었다. 중요한 것은 단지 시간의 양적 축적이 아니라 연습의 질이었다.

이런 연습, 곧 깊은 작업 덕분에 세계 정상급 운동선수들과 음악가들은 자신의 능력을 충분히 발휘할 뿐 아니라 거기서 한 걸음 더 나아간다.[13] 평범한 연습과 비범한 연습의 차이를 알면 왜 스테파니 피셔는 실패로 일관했는데 콜비 카레이는 성공했는지, 그리고 왜 당신의 소명을 추구하는 게 본래 어려운 일인지 더 잘 이해할 수 있다.

활동이 즐거울 때는 연습도 쉽지만, 흥분이 가시고 기력이 다할 때는 어떻게 해야 하나? 새로운 직업에 들어설 때의 첫 감격이 시들해지면 어찌할 것인가? 포기할 것인가? 아니면 고통을 헤치고 숙련을 향해 매진할 것인가? 바로 여기서 전문가들과 나머지 우리의 차이가 나타난다. 누구나 느끼는 저항을 그들은 목표 지점에 훨씬 가까워졌다는 신호로 해석한다. 가장 힘든 고비에서 웬만한 사람들은 포기하지만, 그들은 자신을 다스리며 의지적으로 버틴다. 그런 경지에 이르는 데 필요한 노력을 제대로 알지도 못한 채, 우리는 그런 사람들을 "천재"니 "신동"이니 부르곤 한다. 하지만 사실 그들 안에 있는 것은 우리 모두 안에도 있을 수 있다.

뭔가를 처음 시도했다가 완전히 실패한 적이 있는가? 그 창피함을 씻기에 바빠 자전거 타기든 데이트 신청이든 다시는 시도하고 싶지 않았던 기억이 있는가? 알다시피 어떤 기술은 시간을 요구하며, 약간의 실패 없이는 누구도 방법을 배울 수 없다. 배우려는 마음만 있다면 고통도 공부에 도움이 된다. 그런데 우리는 이 똑같은 교훈을 직업에도 적용하는가? 대개는 그렇지 않다.

어렸을 때는 실패할 용기와 의향이 있으나 나이가 들면서 심리적 억압이 생겨난다. 수치심이 반사작용을 일으킨다. 위대한 경지로 부름받고도 새로운 것을 시도할 의향이 없어 양호한 상태에 안주한다. 왜 이럴까? 그게 쉽기 때문이다. 주변의 기대와 무난한 수준을 애써 뛰어넘으려면 힘들고 때로 어색하다. 하지만 그것은 과정에 꼭 필요한 부분이다.

어떻게 하면 탁월해지는 데 필요한 습관을 기를 수 있을까? 소명에 응답할 뿐 아니라 소명을 숙련하려면 어떻게 해야 할까? 에릭슨의 연구팀에 따르면 주도면밀한 연습의 3대 요건이 있다.

첫째로, 연습의 정황이 필요하다. 본인의 시간과 에너지는 물론 트레이너와 교육 자료와 훈련 시설이 필요하다.[14]

둘째로, "저절로 의욕이 솟는" 활동은 안 된다. 본능적으로 즐기지 않는 일이라야 한다.[15] 이런 식으로 생각해 보라. 연습이 즐겁다면 성장하고 있는 게 아니다. 근육이 자라려면 긴장과 부담을 통해 근섬유가 조금씩 찢어져 늘어나야 한다. 기술과 지식이 개발되는 방식도 똑같다. 고통스러운 연습의 과정에 임하는 사람이 그토록 적은 까닭이 거기에 있다. 하지만 영화 "그들만의 리그"(A League of Their Own)에 나오는 톰 행크스(Tom Hanks)의 대사처럼 "원래 힘든 법이다. 힘들지 않다면 누구나 할 것이다. 힘들어야 위대해진다."[16]

셋째로, 그 활동을 아주 오랫동안 하면 완전히 지쳐야 한다. 당신이 생각하는 가능한 수준을 뛰어넘어 자기 능력의 극한까지 가야 한다. 녹초가 될 정도로 기를 쓰지 않는다면 충분히 노력하는 게 아니다.[17]

이런 연습의 틀을 평소의 내 달리기 습관과 비교해 보자. 나는 대개 일주일에 몇 번씩 달리는데 그나마 운이 좋을 때의 얘기다. 그 정도면 재미있고 쉽고 건강에 좋다. 하지만 세계 정상급 수준에 이를 수 있을까? 아니다. 나는 올바른 종류의 시간은 고사하고 시간 자체를 충분히 쏟아 부은 적이 없다. 편할 때만 달릴 뿐 결코 너무 열심히 애쓰지 않는다. 내가 운동에 더 노력을 기울이지 않는 이유는 무엇일까? 그러고 싶지 않기 때문이다. 이건 내가 재미로 하는 일이지 탁월해지려고 하는 일이 아니다.

평생의 일을 숙고할 때 그 둘을 구분하는 게 중요하다. 사람들은 대부분 자신에게 열정이 없는 일은 계속하지 않으며 일이 힘들어질 때면 더 말할 것도 없다. 어떤 활동에 대해 고통스러운 연습을 거쳐 보는 것은 인생의 방향을 정하는 아주 좋은 방법이다. 재미없을 때나 심지어 녹초가 되고 지루해 그만두고 싶을 때도 그 일을 할 수 있다면 그게 당신의 소명일 수 있다.

소명이 쉬워야 한다는 개념은 도대체 어디서 왔는지 모르겠다. 쉬움과 위대함이 짝을 이루는 경우는 드물다. 힘든 일일수록 남다른 수준의 헌신이 요구된다. 힘든 시절과 차라리 그만두고 싶은 고통스러운 순간을 끝까지 견뎌낼 수 있으려면 그 일을 사랑해야 한다. 불가사의한 열정이 없이 어떻게 그럴 수 있겠는가? 그 일을 사랑하지 않고는 불가능하다. 녹초가 되어도 할 수 있는 일, 거의 싫다가도 다음날 다시 붙잡을 수 있는 일을 찾지 못했다면 추구할 만한 가치 있는 일을 아직 만나지 못한 것이다.

내 생각에는, 어렵지 않음보다 사랑이 훨씬 나은 기준이다. 고통이 따를 때조차도 자기 일을 사랑한다면 그 일은 취미 이상일 수 있다. 여태 자신의 재능을 거기까지 몰아가거나 기술을 그만큼까지 시험해 본 적이 없다면 아마도 당신은 진정한 천직을 아직 발견하지 못했을 것이다. 때로 취미와 소명을 구별하는 유일한 길은 고통스러운 연습의 도가니를 통과해 보는 것이다.

천재의 이면

마틴 체임벌린(Martyn Chamberlin)을 생각하면 천재라는 한 단어가 떠오른다. 대학 졸업반인 21세의 조숙한 웹 개발자로 자체 회사를 운영하는 그는 다음번 마이크로소프트사나 구글사의 상징처럼 보인다. 갑자기 성공한 그는 언뜻 젊은 빌 게이츠(Bill Gates) 같다. 나처럼 당신도 그가 틀림없이 평생 컴퓨터 앞에서 살았을 거로 생각할 것이다. 그런데 틀렸다.

16세 이전까지만 해도 마틴은 온 가족이 쓰는 컴퓨터를 숙제할 때만 사용했다. 그러다 단기간에 포토샵을 익히고 HTML과 CSS를 통달한 뒤 유료로 웹디자인 서비스를 시작했다. 불과 2년도 안 되어 그는 대학 학비를 벌려고 블로그를 개설해 창업했다. 그러자 고객이 몰려들었다. 마틴은 웹 개발자가 되기 전에 오랫동안 미술을 했다. 마틴은 자신이 날마다 컴퓨터 화면을 노려보며 살아가리라고는 상상조차 못했을 것이다.[18]

마틴의 이야기는 장기간의 준비 끝에 결정적 순간을 맞이한 사례가 아니라 오히려 적시의 작은 감화의 불꽃이 얼마나 위력적일 수 있으며 연습이 어떻게 자신도 모르게 이루어질 수 있는지를 증언해 준다.

침례교 목사의 가정에서 홈스쿨링을 하며 자란 마틴에게는 집안에 하나뿐인 컴퓨터를 쓸 차례가 별로 돌아오지 않았다. 그래서 자유 시간에 그림을 그리고 기타를 쳤다. 그의 형 윌리엄이 2008년 털사대학교에 들어가 고향인 오클라호마 주 빅스비를 떠나자 비로소 마틴도 가족용 컴퓨터를 쓸 수 있게 되었다.

"그전에는 형이 늘 쓰고 있어서 나는 컴퓨터를 별로 만져 보지도 못했어요." 마틴은 전화 통화 중에 그렇게 회고했다. 형이 떠나기 직전에 마틴이 사람들의 웹사이트를 만들어 주고 싶다고 말하자 형은 그에게 그 주제에 대한 책을 한 권 주었다.

웹사이트를 만들려는 마음이 처음에 어떻게 생겨났느냐는 나의 물음에 그는 아마 형을 보면서 생겨났을 거라고 말했다. "동생 증후군의 한 사례라고 할까요. 형은 똑똑해서 대학에 갔습니다. 나도 좋은 사람들과 더불어 살아가려면 유명해져야겠다는 생각이 들었어요. 게다가 디자인은 내가 아주 좋아하는 일이었고요." 마틴이 말했다. 그래도 그는 미래를 자신할 수 없었다.

열여덟 살 때 마틴은 오클라호마에서 멀리 캘리포니아에까지 가서 회화 워크숍에 참석했다. 그때 마틴이 캔버스에 그린 가로 28cm 세로 35.5cm 크기의 유화가 카멜의 잰트먼 화랑에 전시되었다. 당시 마틴은 이것이 절호의 기회가 되어 자신에게 화가의 인생이 열릴 것으로 생각했다. 그런데 자신의 작품을 온라인에 올리다가 여태까지 몰랐던 새로운 열정에 눈을 뜨게 되었다. 그뿐 아니라 그 새로운 기술에 대중의 수요가 있다는 것을 알게 되었다.

마틴의 웹사이트 작업은 처음에는 취미로 시작했다가 점차 그 이상으로 발전했다. 그가 만든 최초의 웹사이트는 형이 준 책에 예제로 실렸던 BubbleUnder.com을 복제한 것이었는데 정식으로 발표하지는 않았다. 두 번째는 자신의 미술 작품을 보여 주는 개인 홈페이지였다. 세 번째는 호주의 한 고객에게 만들어 준 것인데, 결국 사용되지는 않았지만 그래도 마틴에게 8백 달러가 지급되었다. 최초의 유료 작업이었다.

"내 기술에 기꺼이 돈을 치를 사람들이 있음을 배웠습니다." 그는 그렇게 회고했다.

마틴이 자신의 작품을 세상에 선보이자 웹사이트 방문자들은 그의 유화보다 웹디자인 서비스에 더 관심을 보였다. 그 첫 웹사이트를 공개한 뒤로 그는 의욕이 솟았다.

"내가 뭔가 중요한 것을 만든 듯한 기분이었어요." 그림 한 점을 완성한 뒤에 맛보던 느낌과 다르지 않았다.

"뭔가가 제자리를 찾은 겁니다."

그로부터 몇 년이 지난 지금 마틴은 자체 웹디자인 회사를 운영하면서 그 수익을 보태 대학을 거의 마친 상태다. 웹사이트를 제작할 때마다 마틴은 화가로서 습득한 모든 기술을 활용한다. 색상 이론, 구도, 황금 삼각형 같은 개념들에 힘입어 고객에게 더 좋은 사이트를 만들어 준다. 모두가 이 분야에 들어서기 오래전부터 익힌 기술이다. 자신의 오랜 미술 활동이 정작 예술이 아닌 다른 일을 위한 훈련이었을 줄은 꿈에도 몰랐을 것이다. 웹 개발이 적어도 전통적 의미의 예술은 아니니 말이다.

화가가 꿈이었던 젊은이가 어떻게 웹 개발자가 되었을까? 컴퓨터게임도 하지 않고 자란 사람이 어떻게 웹사이트 제작 회사를 창업했을까? 게다가 그 모든 기술을 어쩌면 그렇게 빨리 배웠을까? 그의 소명이라고 답하면 쉽다. 하지만 앞서 보았듯이 소명은 절대 간단하지 않다. 더 복잡하고 공정한 답은 마틴이 자신도 모르는 사이에 이미 그 일을 연습하고 있었다는 것이다.

이것이 우연한 도제의 과정이 주는 교훈이다. 사람이 자신의 소명에 준비되기 오래전부터, 삶은 여러 뜻밖의 만남과 섭리적 경험을 통해 그 사람을 준비시켜 미래를 맞이하게 한다. 그게 마틴의 형 윌리엄이 한 일이다. 그는 자신도 모르게 동생의 멘토가 되어 성공의 수단이 될 기술을 보여 주었다. 그 상황의 의미를 둘 다 몰랐겠지만 어쨌든 그들은 장기적 도제 관계에 들어가 있었다. 형이 동생에게 영향을 미쳐 자신의 길을 찾도록 도와주었다.

하지만 마틴은 형을 관찰하는 데서 그치지 않았다. 블로그, 기사, 책 등을 가리지 않고 해당 주제에 관한 모든 자료를 찾아 읽고 내용을 흡수했다. 그는 그냥 잘하는 게 목표가 아니라 탁월해지고 싶었다. 웹사이트를 만들다가 풀리지 않는 문제가 생기면 인터넷을 검색해 기어이 답을 찾아냈다. 초기에는 특히 더했다.

"내가 자주 하던 농담이 있습니다. '나는 훌륭한 프로그래머가 아니라 그냥 구글을 아주 잘 활용할 뿐이다'라고요. 정말 그 말이 맞습니다." 그가 말했다.

겸손은 별문제로 하고 마틴은 일단 진지해지자 웬만한 사람들이 이해할 엄두조차 내지 못하는 기술을 습득했다. 그것도 불과 2년만에 말이다. 그는 추상적 정보를 공부한 것도 아니고, 수천 달러씩 강의료를 내며 장차 써먹지도 못할 한물간 정보를 배운 것도 아니다. 그는 기존 경험을 활용해 실무에 뛰어들었고 수시로 도움을 청했다. 한마디로 그는 연습했다.

마틴 체임벌린이 소명을 발견한 것은 우연이었다. 적어도 그 시발점은 그랬다. 형이 준 책을 통해 자신에게 있는지도 몰랐던 기술에 눈뜨면서 가능성의 세계가 열렸다. 그는 남이 하는 것을 보고 자신의 미래에 대한 비전을 얻었고, 날마다 몇 시간씩 그 목표를 향해 노력했다. 웹디자인을 원하는 자신의 마음을 처음부터 알았던 것은 아니다. 그는 몰랐다. 그저 미술을 사랑했고 우연히 그 열정을 응용하다가 놀란 것뿐이다. 새로운 것을 시도하다가 그는 자신이 웹사이트를 잘 만들고 그 일을 즐긴다는 사실을 발견했다.

진정한 연습이란 기술을 배우는 문제가 아니라 필요한 시간과 에너지를 투자해 그 일이 당신의 천직인지 분별하는 것이다. 어려움을 통해 마음 설레는 일과 그렇지 않은 일이 무엇인지 알아내는 것이다. 마음 설레는 일을 알고 나면 당신은 올바른 방향으로 한 걸음 더 내딛게 된다.

작은 불꽃 하나로 시작된다

그런데 지금 우리가 운을 너무 무시하는 것은 아닐까? 어떤 사람들은 순전히 남보다 운이 좋아 성공하기도 한다. 분명히 일부 사람들에게 특별한 기회가 있다. 누구나 자기가 원하는 대로 무엇이든 될 수 있다는 개념이 늘 맞는 것은 아니다. 성공은 고된 노력만으로 되는 게 아니라 때로 우리 소관 밖의 요인들에 달려 있다. 당신이 언제 어디서 태어났는지가 당신이 하는 일에 영향을 미칠 수 있다.

하지만 저절로 위대해지는 사람은 없다. 굳이 에릭슨의 연구가 아니더라도 상식적으로 아는 사실이다. 기술은 치열한 연습의 결과다. 집요한 시행착오를 거쳐 마침내 제대로 터득하는 산물이다. 연습도 없이 "아메리칸 아이돌"의 무대에 올라가 심사위원들을 압도하는 사람은 없다. 컴퓨터를 붙잡자마자 부호를 조작하는 사람도 없다. 실력을 갖추려면 많은 연습이 필요하다.

하지만 연습으로 안 될 때도 있다. 스테파니 피셔의 일곱 번의 오디션이 그런 경우다. 반면 마틴 체임벌린의 경우처럼 신기한 돌파구의 순간도 있다. 마치 이를 위해 태어났다는 듯 한 번만에 기술을 터득하는 사람도 있다.

그 사람은 정말 그 일을 위해 태어났는지도 모른다.

인간이 할 수 있는 일이 백 년 전에 알던 것보다 많기는 하지만, 과학적으로 밝혀지고 있듯이 아무리 연습해도 따라갈 수 없는 적성이란 게 있다.[19] 그래서 마라톤에 우승하는 케냐 사람들과 수학에 뛰어난 아시아인들이 늘 나온다. 기회가 있다고 무조건 성공하는 게 아니다. 사람마다 자기 본연의 일과 그렇지 않은 일이 있다.

그러면 본연의 일을 어떻게 찾을까? 일부 소년·소녀들이 음악가보다 운동선수가 되려고 하는 것은 왜일까? 화가가 컴퓨터 프로그래밍을 배우려 하는 것은 무엇 때문일까? 유명한 운동선수들과 음악가들에 대한 사례 연구에서 많은 것을 배울 수 있고, 기술 습득에 대한 이해도 연구를 통해 깊어질 수 있다. 하지만 과학으로는 증명할 수 없는 우리가 여전히 모르는 것이 있다. 사람이 애초에 뭔가를 연습하게 하는 것은 무엇일까? 무수한 시간을 연습에 쏟아 붓게 하는 동인은 무엇일까?

동기는 어디서 오는가? 대니얼 코일은 인터뷰 중에 내게 이렇게 말했다. "작은 불꽃 하나로 시작됩니다. 미래의 자신에 대한 비전이 생기고, 자신이 되고 싶은 모습이 보이지요. 아주 신비로운 과정입니다."[20]

━━━◦◦◦━━━

내 아들 에이든(Aiden)은 픽사의 만화영화 "카"(Cars)를 처음 볼 때 그 자리에서 꼼짝도 하지 않았다. 전에도 영화와 만화를 본 적이 있지만, 시종일관 그의 시선을 붙들어 둔 것은 하나도 없었다. 그런데 이 영화는 달랐다. 한 살배기 아기가 영화를 처음부터 끝까지 쉬지 않고 다 보았다. 전에 없던 일이었다. 지금 에이든에게는 그 영화에 등장한 제품이 두 방을 가득 메울 정도로 많다. 거기에 푹 빠진 것이다. 아내도 나도 전혀 권한 바 없건만 화면에 자동차 경주가 나오는 순간 그의 얼굴이 빛났다. 그 뒤로 여태 자동차 경주라면 사족을 못 쓴다.

에이든이 그 영화를 그토록 좋아한 것은 뭔가를 타고났기 때문일까? 하나님이 주신 뭔가가 있어서일까? 나도 모른다. 그게 정말 요지는 아니다. 내가 아는 것은 만화를 좋아하는 점으로 보아 내 아들에게도 자기만의 성격이 있다는 사실이다. 그 독특한 성격에 자기만의 숙명이 따라오는데, 이는 외부 환경이나 양육과는 별도의 것이다. 물론 부모와 친구들이 그에게 영향을 줄 수 있고 유전자가 특정한 능력의 한도를 정할 수 있다. 하지만 그것은 그의 미래의 끝이 아니라 시작이다. 언제나 "작은 불꽃"의 순간들이 있어, 바로 그때 그의 정체와 본연의 모습이 밝히 드러날 것이다.

개럿 러시–밀러보다 더 좋은 예는 없다. 이 소년은 장애 때문에 삶에 심한 제약을 입었다. 다섯 살 때 시력과 언어 능력을 잃었고 의사들도 그가 얼마나 오래 살지 장담할 수 없었다. 그런데 2인승 자전거에 손을 대던 순간 모든 것이 달라졌다. 아빠의 말대로 "얼굴이 빛났다." 그것이 그의 작은 불꽃이었다.

타고난 재능의 유무만으로 부족하다. 연습만으로도 부족하다. 어떤 기술은 성미에 맞는 것 같지만 어떤 기술은 애써 길러야 한다. 많은 일을 시도할 수 있으나 그중 더 잘하는 일이 있게 마련이다. 또한, 어떤 실패는 극복해야 할 도전이 아니라 그 길로 가서는 안 된다는 신호다. 하지만 이 모든 것 이전에 우리에게 꼭 있어야 할 것은 처음의 작은 불꽃이다. 얼굴이 빛나는 그 감화의 순간이다. 그것은 운과는 전혀 다르다.

짐 콜린스(Jim Collins)가 「위대한 기업의 선택」(김영사 역간)에 지적했듯이 1970년대에 컴퓨터를 접할 수 있었던 고등학생은 빌 게이츠뿐이 아니었다. 골프 치는 아버지를 둔 아이도 타이거 우즈(Tiger Woods)뿐이 아니었다. 남들에게도 똑같은 기회가 주어졌는데 왜 이들은 비범하게 성공했을까? 그들은 기회를 붙잡아 비범한 일을 했다. 콜린스는 "좋고 나쁜 운은 원하든지 원치 않든지 모두에게 찾아온다"고 썼다. 하지만 비범한 성공을 이루는 사람들은 "운을 알아보고 포착한다. 행운의 사건을 붙잡아 최대한 활용하는 지도자들이다."[21]

이렇듯 성공하는 사람의 요인은 운이 아니라 그 운을 자신이 어떻게 활용하느냐이다. 기회는 누구에게나 온다. 문제는 기회가 올 때 어떻게 할 것이냐이다. 성공한 사람들의 "재수"도 성공하지 못한 사람들 정도밖에 되지 않았다. 차이라면 그들은 행운의 순간을 살려 뭔가 놀라운 일을 하는 데 반해, 세상의 나머지 사람들은 다음번 행운이 오기만을 기다리며 빈둥거린다는 것이다.

그런 의미에서 기회는 우리 모두에게 주어져 있다. 꼭 마음대로 무엇이든 될 수는 없더라도 본연의 자신이 될 수는 있다. 특히 남의 성공을 행운 탓으로 돌리기는 쉽다. 그러나 나 자신도 기회의 세상 속에 살고 있으며 현재 주어진 것으로 뭔가를 할 수 있음을 인식하기란 쉽지 않다. 연습은 당신의 결의를 시험해 준다. 연습하는 사람은 불꽃이 시든지 오랜 후에도 실력을 연마할 수밖에 없다. 당신은 직업에 헌신되어 있는가, 아니면 너무 힘들어지면 그만둘 것인가?

연습의 최종 목표는 K. 앤더스 에릭슨이 말한 "고수의 실력"을 가지는 경지에 이르는 것이다. 그런 사람은 "스승의 지식을 뛰어넘어 자기 분야에 독특하게 혁신적으로 이바지한다."[22] 우리는 다 자기가 잘하는 일, 세상이 어떤 식으로든 알아주는 일을 하려고 한다. 하지만 연습의 관건은 결코 그냥 기술 습득이 아니라 세상에 이바지하는 것이다. 그래서 우리는 소명을 찾는 과정에서 이것이 내가 잘하는 일인가만 물을 게 아니라 그 자체가 선한 일인가를 물어야 한다. 우리 영혼의 가장 깊은 갈망을 채우려면 탁월함만으로 안 된다. 그 이상이 필요하다.

여기서 제기되는 의문이 있다. 사람이 혹시 엉뚱한 일에 성공할 수도 있을까?

물론이다.

윌리엄 형의 신기한 사례

구글에서 "아메리칸 아이돌 탈락자"를 검색하면 인터넷상에 영원히 불명예로 남을 이름들이 금방 쭉 뜬다. 물론 명단의 맨 위쪽에 빅토리아 베컴 앞에서 창피를 자초한 어색한 대학원생 스테파니 피셔도 있다. 하지만 그녀가 일곱 번째로 무대에 선 2010년보다 한참 전에 윌리엄 형(William Hung)이 같은 프로그램의 시즌3에 등장해 리키 마틴(Ricky Martin)의 "쉬 뱅스"(She Bangs)를 불렀다.

"나는 음악으로 먹고살고 싶어요." 심사위원들 앞에 서기 직전 그는 카메라를 향해 그렇게 말했다.

168cm의 키에 각종 신발이 그려진 파란색 남방셔츠를 입고 돌출된 앞

니를 뽐내는 윌리엄은 스포트라이트를 받을 만한 사람처럼 보이지 않았다. 그의 노래도 스테파니처럼 심사위원들에게 외면당했다. 그가 엉덩이를 흔들며 음정에 어긋나게 노래하는 동안 그들은 애써 웃음을 감추었다.

"노래도 못하고 춤도 못추는 당신에게 무슨 말을 해드릴까요?" 사이먼이 물었다.

"이미 최선을 다했으니 전혀 후회가 없습니다." 윌리엄이 말했다. 심사위원들은 으레 따지는 반응에 익숙해져 있었는데 그의 반응은 대조적이었다. 이어 그는 당당히 덧붙였다.

"노래든 춤이든 전문적인 훈련을 하나도 받지 않았거든요."

그러자 사이먼이 되받았다.

"아 그래요? 정말 깜짝 놀랄 일이네요."[23]

윌리엄은 결국 탈락해 다른 수많은 이들처럼 발길을 돌려야 했다. 그런데 그 뒤로 이상한 일이 벌어졌다. 요즘처럼 "인터넷을 달구는" 현상이 있기 오래전인데도 윌리엄 형의 오디션 동영상이 유튜브에 올라오자 조회수가 수천을 넘어 수백만에 이른 것이다. 사람들은 그를 비웃은 게 아니라 환호를 보냈다. 어느 팬이 그를 기념해 만든 사이트에 첫 주에만 4백만 명 이상이 방문했고 한 달도 안 되어 8백만을 넘었다.

그의 용기와 모범에 감사하는 이메일이 쏟아졌다. 그러자 청년 윌리엄은 이 모든 인기 속 어딘가에 자신의 직업이 숨어 있지 않을까 하는 의문이 들었다. 그즈음에 첫 레코드를 계약하지는 제의까지 들어왔다.

오디션을 볼 당시 윌리엄은 캘리포니아대학교 버클리에서 토목공학을 전공하던 학생이었다. "아메리칸 아이돌"에 출전한 뒤로 곳곳에 흩

어져 있는 팬들의 마음은 물론 대중매체의 주목까지 얻었다. 코크(Koch) 엔터테인먼트와 계약해 기존 곡들로 만든 그의 첫 앨범 "인스피레이션"(Inspiration)은 2십만 장 이상이 팔렸다. 그보다는 인기가 덜했지만, 그 후로도 두 장의 레코드가 더 나왔다.

2004년에 윌리엄은 대학을 떠나 음악의 길에 들어서더니 데이비드 레터맨(David Letterman), 엘런 디제너러스(Ellen DeGeneres), 하워드 스턴(Howard Stern) 등의 쇼에 출연했다. 불과 몇 달 전에 자신을 탈락시켰던 "아메리칸 아이돌"에 게스트로 다시 출연하기도 했다. 어떤 면에서 그것은 선(善)의 승리였다. 패배를 승리로 탈바꿈시킨 그는 대박 난 유튜브 동영상으로 얻은 인기를 등에 업고 이후 몇 년 동안 전 세계를 다니며 공연 활동을 했다.

성공에도 불구하고 윌리엄 형의 직업은 논란을 낳았다. 어떤 사람들은 그의 인기가 아시아인에 대한 편견과 인종차별을 부추긴다고 비판했다. 진정한 음악적 재능은 그에게 없는 것으로 간주했다. 하지만 그를 응원하는 사람들도 있었다. 그들은 그의 끈기를 아주 좋아했다. 끝없이 낙천적인 윌리엄은 어떤 비판에도 아랑곳하지 않는 듯했고, 자신의 이야기가 팬들에게 얼마나 큰 의미가 있는지 알았다. 그는 꿈을 실현했을 뿐 아니라 세상에 고루 나누었다.

그러나 2011년에 윌리엄이 가수의 길을 접고 전문 범죄분석가의 일자리를 수락함으로써 그 꿈은 스러졌다.[24] 그는 꿈을 포기한 것일까? 수백만의 팬의 존재는 그가 자신의 소명을 발견했고 음악이 그의 천직이라는 증거가 아니었던가? 그렇지 않을 수도 있다. 이전의 한 인터뷰에서 그는 기자에게 "이렇게 말하면 실망하실지 모르지만 사실 나는 앞으로 수학 교사가 되고 싶습니다"라고 말했다. 같은 인터뷰에서 자신이 피타고라스의 정리를 좋아한다는 말과 제일 좋아하는 수학자가 유클리드라는 말도 했다.[25]

당신의 천직을 발견하려면 때로 시간이 좀 걸린다. 수학 얘기를 하면서 얼굴이 빛나던 윌리엄 형을 보면 그가 분석가가 된 것은 당연한 일이다. 그의 일상 업무 중에는 범죄 행위의 확률을 계산하는 일도 들어 있다.[26] 앞서 말한 인터뷰에 보면 그의 진정한 열정의 대상이 무엇인지 단서가 나온다. 예컨대 음악보다 공학에 "더 큰 헌신이 필요합니다"와 같은 말이 그것이다.[27]

정녕 이것이 음악가가 되려고 태어난 사람의 말처럼 들리는가?

그가 10년 가까이 지속된 인기를 누린 후 어느 기자에게 한 말이 있다. "내 열정의 대상은 늘 수학이었습니다. 결국, 그것을 직업으로 삼기까지 시간이 좀 걸렸을 뿐이지요."[28]

자신의 소명을 향해 멀고도 바람 많은 길을 가는 동안, 윌리엄은 남들이 뭐라고 말하든 끝까지 인내하며 자신의 열정에 충실해야 함을 배웠다. 한 토스트마스터즈(Toastmasters) 집회에서 강연할 때 그는 이렇게 말했다.

"작은 희망이 보이면 문이 열릴 겁니다. 절대로 포기하지 마십시오. 작은 희망만 있으면 되니까요."[29]

많은 유튜브 동영상에서 자신의 이야기를 되풀이하는 윌리엄을 보면 그에게 팬이 왜 그렇게 많았는지 알 수 있다. 그도 자신이 아이러니임을 안다. 자신이 리키 마틴처럼 노래를 잘하지 못하고 춤도 어색하다는 것을 안다. 하지만 그래도 그는 거침없이 시도한다. 그냥 음악이 좋은 것이다.[30]

내 생각에 그것이 우리가 윌리엄 형을 사랑하는 이유다. 그는 약자다. 그런데 많은 박수갈채에도 불구하고 인기와 행운은 그를 붙잡아 두기에 부족했다. 바로 거기에 우리 모두를 위한 교훈이 들어 있다.

성공은 어려움을 뚫고 인내하는 과정이지만 또한 자신을 알아가는 일이기도 하다. 윌리엄이 그 감동적인 토스트마스터즈 강연에 덧붙였을 법한 말이 있다. 간혹 당신은 엉뚱한 문으로 들어갈 때가 있다. 연습의 원리를 잘못 적용해 결국 엉뚱한 일에 성공하거나, 아니면 직업이 진정한 소명의 그림자일 뿐임을 깨닫는다. 그래서 우리는 이 과정을 여정으로 생각해야 한다. 마틴 체임벌린도 자신의 미술에 대해 그것을 깨달았다. 그는 그림에도 열정이 있었으나 그것은 길의 끝이 아니라 시작이었다. 그가 화가였기에 다른 기술의 문이 열린 것이지, 그렇지 않고는 영영 그 기술과 마주치지 못했을지도 모른다.

어느 직업에든 그런 순간은 온다. 지금 걷고 있는 길이 당신이 원하는 목적지로 이어지지 않음을 깨닫는 순간이다. 그 모든 준비의 결과로 당신은 엉뚱한 목표를 달성했다. 이럴 때 당신은 교착상태에 빠진 기분이 들 수 있다. 그러면 이제 어찌할 것인가? 당신도 나중의 윌리엄 형처럼 하면 된다. 결코, 너무 늦지 않았음을 깨닫고 당신의 진정한 소명 쪽으로 돌아서면 된다.

틈틈이 연습하라.

거대한 도약을 준비할 게 아니라 오늘부터 소명을 찾으려는 노력에 착수하라.

무리하게 몰입하지 마라.

하루 30분으로 시작하고 점차 횟수를 늘려나가라.

완전히 지칠 때까지 할 수 있는 활동들의 목록을 만들어 거기에 매진하되,

당신의 열정과 기술이 가장 두드러진 분야에 시간을 더 들이라.

자신이 성장하는지에 주목하고

그것이 당신의 소명에 대해 무엇을 말해 주는지 잘 보라.

기술을 습득하는 원리에 대한 더 자세한 내용은 artofworkbook.com/practice를 참조하기 바란다.

스테파니 피셔와 윌리엄 형의 이야기는 우리가 때로 엉뚱한 일을 연습할 수 있음을 보여 주고, 마틴 체임벌린의 이야기는 소명이 당신이 생각조차 못했던 일일 수 있음을 예시해 준다. 당신도 살아오면서 엉뚱한 일을 추구한 적이 있는가? 열정도 없는 일에 성공한 적이 있는가? 새로운 기술을 시도하다가 당신이 전혀 몰랐던 일에 재능을 타고났음을 발견한 적이 있는가?

가슴 뛰는
인생을 위한
실행

PART
Two

과감한
발걸음을
내딛어라

04

"진짜 일은 깊은 기쁨과 세상의
필요가 만나는 곳이다"

실제 날씨는 일기 예보와 다르다.

— 마크 트웨인(Mark Twain)

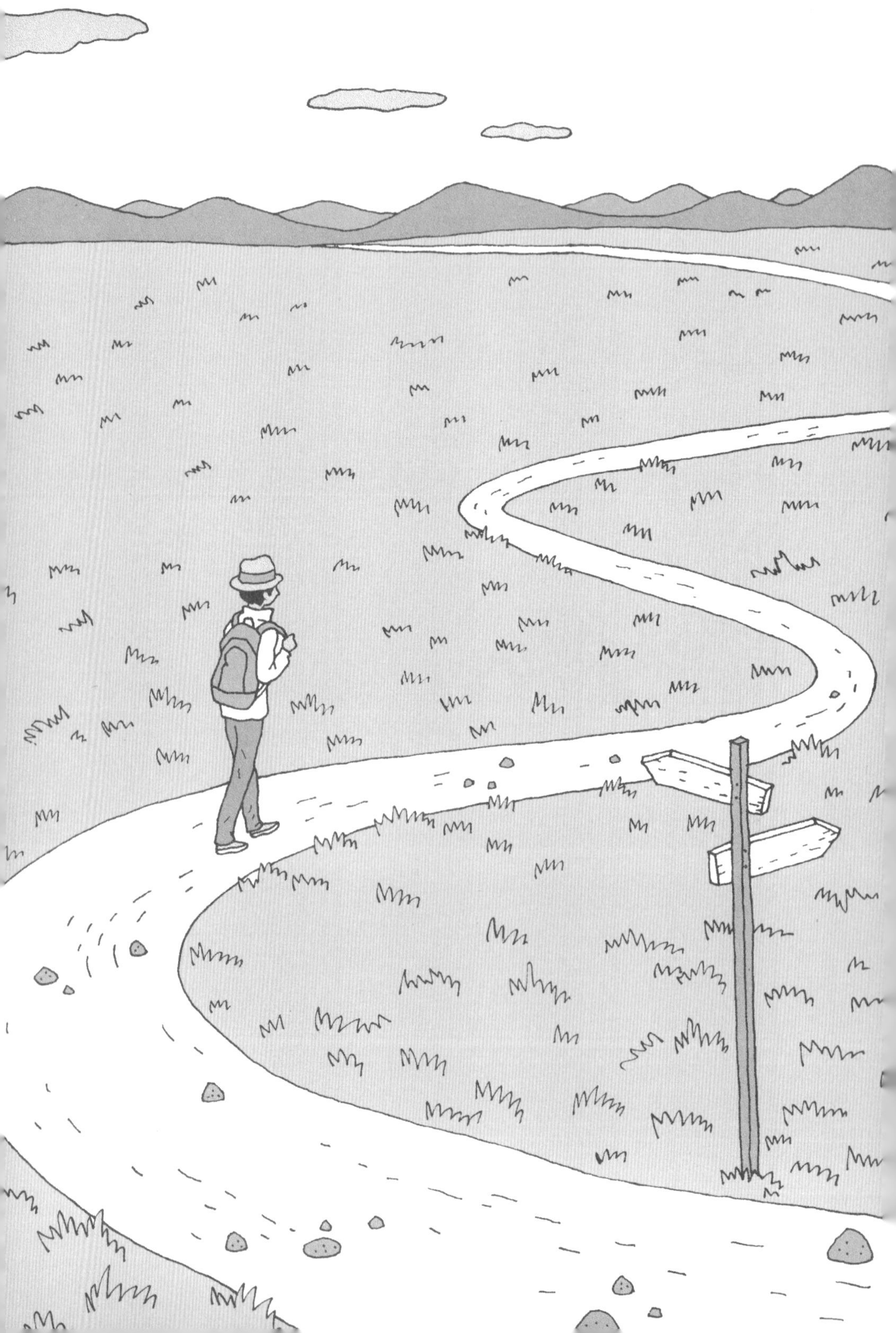

발견

기존 생각

흔히 "천직을 찾을 때 도약을 경험한다. 어제와 다른 오늘을 발견한다. 한순간에 소명에 대한 많은 걸 알 수 있다. 소명은 거대한 제시다"라고 말한다.

도약하지 말고 다리를 놓아라. 천직은 결코 그냥 아는 게 아니다. 발견은 단계별로 이루어진다. 소명은 갑작스럽고 아주 짧은 동안의 계시를 통해서가 아니라 의지적 결정의 연속을 통해 찾아온다.

소명을 발견하는 일은 계시가 아니라 의지적 결정의 연속이다.
거대한 도약이라기보다 다리 놓기에 더 가깝다.

마일즈(Myles)를 동아프리카 한복판의 프랑스어 학교에 내려놓고 오던 그날은 그의 엄마의 인생에 가장 힘든 날 중 하루였다. 크리스티 칼슨(Kristy Carlson)은 이렇게 회고했다.

"구명조끼도 입히지 않고 아이를 바닷속으로 떠미는 심정이었어요. 말도 안 통하는 낯선 나라에서 삶의 도전을 딛고 일어나라는 건 다섯 살배기 아이에게 너무 과하다 싶었지요!"[1] 하지만 새로운 일상에 적응해야 할 사람은 마일즈만이 아니었다.

그로부터 몇 년 전에 벤(Ben)과 크리스티 부부는 변화의 필요성을 느꼈다. 그 결과 그들의 표현으로 "발견의 여정"이 시작되었다. 한 인간으로서 자신이 누구인지 알아가는 과정이었다. 그러려면 크리스티는 사진을 찍어야 했고 벤은 커피를 재배해야 했다. 남아공의 어느 기독교 기관에서 리더십을 개발하고 훈련하던 칼슨 부부는 부룬디로 이주해 사회 문제의 해결을 돕는 사업가가 되기로 했다. 앞일이 어찌 될지 전혀 모른 채로 내린 결정이었다. 긍정적 영향을 미치고 싶었으나 어떻게 시작해야 할지 막막했다. 동아프리카에 도착하고 나서야 그들은 자신들에게 요구되는 역할이 무엇이며 이번 이주가 생각보다 얼마나 큰 일인지 깨달았다.

이주하기 전까지 이들 가족은 프랑스어나 부룬디 문화를 접해 본 적이 없었다. 막상 옮기려니 그 두 가지가 모두 그들에게 타격이 되었다. 크리스티는 내게 이렇게 썼다.

"남편과 이런 농담을 하곤 해요. 부룬디에 온 지 2년 반밖에 안 됐는데 느낌은 10년쯤 된 것 같다고요. 그만큼 이사에 따른 학습 곡선이 가팔랐어요." 이것은 10년 전 아프리카로 처음 이주할 때 그들이 의도했던 가정생활은 아니었다. 게다가 그들은 준비가 한참 부족했다. 그렇다면 그들을 그렇게 도약하게 한 것은 무엇일까? 한마디로 말해서 열정이다.

벤은 어느 텔레비전 인터뷰에서 이렇게 말했다.

"나는 아침에 일어나면 종일 커피를 마시며 커피 이야기만 해도 질리지 않습니다. 그걸 알고부터는 이게 내가 하고 싶은 일이고 되고 싶은 모습이란 걸 깨달았습니다."[2]

친구의 소개로 인터넷에서 그 인터뷰를 본 나는 칼슨 부부의 이야기를 그들에게서 직접 듣고 싶었다. 그래서 이메일로 연락했더니 일주일 후 크리스티에게서 답장이 왔다. 그녀는 늦었다고 사과하면서 부룬디의 생활이 아주 정신없다고 설명했다.

칼슨 부부는 일단 변화를 추구하기로 한 뒤로 자신들의 열정을 추구할 방도를 모색했다고 한다. 그녀의 이어지는 글이다.

"추구가 계속될 때마다 점점 더 명료해지더군요. 그러면서 더 큰 변화를 위해 더 잘 준비되어 갔지요. 부룬디로 이사 온 뒤에도 변화는 끝난 게 아니었어요. 이주하고 1년 반쯤 지나 우리는 사업을 시작했습니다. 우리의 숙명이 이전에 하던 일보다 더 낫다거나 더 크다는 생각은 없었어요. 다만 좋아하는 분야에서 일하고 싶은 열망 때문에 그쪽으로 옮겨가고 싶었던 거지요."

칼슨 부부가 가정의 터전을 세상의 오지로 이전한 것은 좋아하는 일을 하면서 세상을 변화시킬 기회 때문이었다. 그리고 보니 이것은 모든 소명의 방향으로 움직이는 훌륭한 공식이다. 즉 자신이 좋아하는 일과 세상에 필요한 일을 찾아 둘을 결합하는 것이다. 프레드릭 뷰크너의 말처럼 "직업이란 우리의 깊은 기쁨과 세상의 절실한 필요가 만나는 곳이다."[3]

소명을 추구하는 사람을 생각할 때 흔히 우리는 모든 게 정리된 사람, 자신의 천직을 처음부터 아는 사람을 연상한다. 그들에게는 계획이 있다. 어떤 사람은 하나님의 음성을 듣고 신부(神父)가 된다. 마당에서 공을 차며 자란 프로 운동선수는 세계 정상급 축구 선수가 된다. 우리가 떠올리는 사람은 자기 인생 본연의 일이 무엇인지 그냥 알고 적시에 그 일을 했다. 하지만 소명이 항상 그런 식으로 돌아가는 것은 아니다. 소명은 혼란스러울 때도 있고 어쩌면 자주 그렇다.

칼슨 부부는 세상의 최빈국 중 하나로 가정을 옮겨 커피 회사를 차렸다. 내가 크리스티에게 그것이 올바른 결정인지 어떻게 알았느냐고 묻자 그녀는 자신도 남편도 몰랐다고 시인했다.

"우리는 도약을 한 겁니다. 그것도 엉성하고 미흡하고 저돌적인 도약이었지요. 변화의 시점이란 느낌은 강했지만, 그 변화에 부룬디를 끼워 넣는다는 결정은 순전히 기회가 나타났기 때문이었어요." 그녀의 말이다.

마지막 문장에서 중요한 단어는 기회다. 칼슨 부부가 부룬디로 이주한 것은 맹목적 믿음의 도약도 아니었고, 그렇다고 신중하게 계획을 짜서 치밀하게 수행한 것도 아니었다. 아들을 학교에 내려놓고 오던 그날처럼 그것은 신뢰와 의지의 혼합이었다.

아주 오랫동안 나는 목적을 이루는 사람들에 대한 작은 거짓말을 믿었고, 그것 때문에 나 자신의 소명을 찾지 못했다. 그 거짓말은 "그냥 안다"는 짤막한 한마디다. 좋아하는 일을 생업으로 하는 사람을 보면서 우리는 이야기를 지어낸다. 그럴듯한 한 조각의 허구이고 익숙한 옛날이야기이며 순전히 거짓말이다.

이런 식이다. 당신은 어떻게 알고 소방관이 되었는가? 대학원에 진학해 다시 공부하기로 한 것은 무엇 때문인가? 그것이 당신의 소명인지 어떻게 알았는가? "그냥 알았어요." 이것이 너무 겸손해서 자신의 고된 노력을 고백하지 못하는 사람들이나 멋쩍어서 운이 좋았다고 인정하지 못하는 사람들에게서 우리가 듣는 답이다. 마치 사랑에 빠질 때 하는 말과 비슷하다. "그냥 아는 거잖아요." 문제는 그게 사실이 아니라는 것이다.

사랑에 빠지는 일은 신비로운 과정일 수 있으나 의지적인 과정이기도 하다. 상대가 데이트를 신청했고 당신은 수락했다. 생전 처음으로 첫 데이트에서 키스했고 그때부터 둘만의 관계가 시작되었다. 이것은 하나의 과정이며 그 길의 모든 걸음에 신뢰가 개입된다. 에릭 밀러도 내게 그렇게 말했고, 조디 놀런드도 그것을 강조했고, 지니 팽의 입에서도 그 말이 떠나지 않았다. 그들은 하나같이 자신이 무엇을 하고 있는지 몰랐다. 계획이 없었지만 그래도 행동했다. 그냥 안 것이 아니라 선택했다.

자신의 천직을 그냥 아는 사람도 있을지 모른다. 태어날 때부터 제6감이 있어 자신이 재봉사나 투우사나 영화감독이나 마천루의 건축가가 되어야 함을 직감으로 알지도 모른다. 하지만 대부분의 사람, 즉 당신과 내가 일상 속에서 만나는 평범한 사람들은 전혀 모르는 것 같다. 너도나도 다 모르는 마당에 사람들에게 "그냥 아는 겁니다"라고 말한다면 이것은 잔인한 일이다.

유명인사들에 대한 다큐멘터리나 인터뷰에서는 이야기의 그런 이면을 듣기 힘들다. 왜 그럴까? 그래야 잘 팔리기 때문이다. 차라리 우리는 그냥 특별한 부류의 사람들이 있다는 옛날이야기를 믿으려 한다. 그러면 자신은 행동할 책임이 없어진다.

이렇게 솔직하지 못한 데서 일의 세계에 신화가 생겨났다. 신화는 이런 식이다. 당신의 소명은 깔끔한 꾸러미로 포장되어 어느 날 문간에 배달될 것이다. 소명이 온다면 말이다. 아무것도 걱정하거나 노력을 기울일 필요가 없다. 저절로 풀리게 되어 있다. 그렇지 않다면 그건 당신의 소명이 아니다. 평생 좁은 책상에 갇혀 평범한 실존을 근근이 이어가는 게 당신의 운명이다. 운 좋게 소명을 발견한 소수의 사람을 통해 최소한 대리 인생을 살 수는 있다.

물론 우리는 그게 사실이 아님을 안다. 나에게도 의미와 목적의 삶을 발견할 기회, 중요한 일을 할 기회가 있다고 믿고 싶은 게 우리 모두의 마음이다. 그런데 그런 삶이 왜 이렇게 막연해 보이고 좀처럼 보기 드문 것일까? 신화를 믿기 때문이다. 헌신할 시점이 언제인지 그냥 안다는 이 신화는 결코 사실이 아니다. 헌신이란 값비싼 것이며 마땅히 두려운 것이다.

지금 하는 일이 칼슨 부부의 유일한 천직이냐고 물었더니 크리스티에게서 이런 답이 돌아왔다. "우리가 할 수 있는 일이야 수없이 많겠지요. 하지만 부룬디에서 창업해 좋은 커피도 생산하고 농가를 돕는 이 일에는 우리의 강점과 열정이 전부 통합됩니다. 직접 생산업자가 되니까 최고 품질의 커피를 재배함과 동시에 커피 농부들과 지속적 관계를 가꿀 수 있거든요. 우리는 당신이 찾는 전형적 대상이 아닐지도 모르고, 그간의 여정에 기복도 많았답니다. 하지만 이렇게 내 사무실에서 글을 입력하면서 커피 농부들의 삶을 향상시킬 방도에 대한 우리 팀의 열띤 대화를 엿듣는다는 건 참 아름다운 일이지요."

소명을 발견해 자신의 것으로 삼는 과정은 긴 여정이다. 그 길을 가려면 기지(旣知)의 세계를 버리고 미지(未知)의 세계를 찾아 나서야 한다. 물론 거기에는 신비로운 면도 있지만, 실제적 방법은 한 걸음씩 내딛는 것이다. 기회가 나타날 때 "그냥 알지" 못할 수도 있지만 그래도 행동해야 한다. 그 행동은 생각보다 좀 더 복잡하다.

소명을 놓칠 뻔했던 선지자

지금으로부터 3천 년 전 예루살렘에서 북서쪽으로 7~8km쯤 떨어진 에브라임 산지에 라마라는 작은 고을이 있었다. 그곳에 살던 엘가나라는 사람은 아내가 둘이었는데 하나는 아기를 낳지 못했고 다른 하나는 늘 그 사실을 들먹거렸다.

한번은 실로라는 옛 도시에 갔을 때 무자(無子)한 아내 하나가 수치심에 너무 괴로워 공공연한 서약을 했다. 만약 자신이 임신한다면 아들을 대제사장에게 주어 평생 종교적 봉사에 바치기로 한 것이다. 얼마 후 그녀는 아들을 임신해 이름을 사무엘이라고 지었다. 아이는 젖을 떼자마자 실로로 보내져 제사장 엘리를 섬겼다.

사무엘은 특별한 아이였다. 그의 출생을 학수고대하던 부모에게도 선물이었고 불순종하는 아들들밖에 없던 엘리에게도 선물이었다. 그는 늙은 제사장의 일을 거들었고 제사장은 앞길이 창창한 그를 수련시켰다.

거기서 섬긴 지 몇 달 혹 몇 년이 지났을 무렵, 하루는 사무엘이 날이 밝기도 전에 깨어났다. 놀라서 잠이 확 달아난 그는 침대에 앉아 주변을 둘러보았다. 아무것도 없었다. 누군가 그의 이름을 속삭이는 소리가 분명히 들렸었다. 하지만 아무도 없었다. 아이는 다시 누워 잠들었으나 몇 초 만에 다시 깨어났다. 이번에는 확실했다. 정말 목소리가 들렸다.

"내가 여기 있나이다!" 아이가 큰 소리로 대답했으나 아무런 대꾸도 없었다. 그는 엘리의 방으로 달려가 큰 소리로 말했다.

"당신이 나를 부르셨기로 내가 여기 있나이다." 엘리는 자리에서 일어나 실눈을 뜨고 보았다. 그러잖아도 시력이 점점 흐려지던 차였다.

"나는 부르지 아니하였으니 다시 누우라." 엘리는 어리둥절하며 말했다. 어리둥절하기는 사무엘도 마찬가지였으나 스승과 입씨름을 벌일 생각은 없었다. 그래서 자기 방으로 돌아와 다시 천천히 몸을 뉘었다. 애써 눈을 감았으나 너무 불안해 잠이 오지 않았다. 가만히 누워 있으려니 몇 분이 몇 시간처럼 느껴졌다. 드디어 눈꺼풀이 무거워지려는데 다시 소리가 들려왔다. 소리는 아까처럼 조용하면서도 변함없이 집요했다.

"사무엘아..." 그는 자리에서 벌떡 일어났다. 심장이 쿵쾅거렸다. 다시 스승을 부르며 엘리의 방으로 달려갔으나 둘 다 똑같이 어리둥절했다.

"내 아들아, 내가 부르지 아니하였으니 다시 누우라." 엘리가 말했다.

하지만 사무엘의 머리가 베개에 닿기도 전에 그 음성이 또 들려왔다. 이번에는 더 큰 소리였다. 다시 일어나 엘리를 부르는 그의 목소리가 두려움에 떨렸다. 그런데 이번에는 스승의 반응이 달랐다. 그는 아이에게 자신을 그만 부르고 잘 듣다가 이 한마디를 아뢰라고 했다. 그래서 사무엘은 침대로 돌아가 귀를 기울였다. 마지막 부르는 소리가 들렸을 때 그는 이렇게 응답했다.

"말씀하옵소서. 주의 종이 듣겠나이다."[4]

그 뒤로 그의 인생이 달라졌다. 자신의 소명을 듣고 응답한 한 소년을 통해 이스라엘 역사에 많은 중요한 사건이 벌어졌다. 그는 두 명의 왕에게 기름을 부었고, 그 중 하나는 그 나라의 가장 유명한 왕이 되었다. 사무엘은 부름을 받고 응답했다. 그러나 우리가 주목해야 할 부분, 두려운 부분은 그가 소명을 놓칠 뻔했다는 것이다.

―――ᴍ―――

당신도 도제로 지내는 동안 자신의 꿈을 발견하게 된다. 어쩌면 남의 꿈을 거들다가 그럴 수도 있다. 처음에는 속삭임처럼 잘 들리지 않지만 집중하면 그것이 인사를 건네 온다. 언뜻 당신은 그 형체를 몰라볼 수도 있다. 그것은 새벽이든 늦은 밤이든 당신이 가만히 있고 가장 연약한 순간이면 어느 때나 올 수 있다. 당신의 마음에 대고 조용히 말하면서 당신 자신이 몰랐던 당신의 위대함을 불러낸다.

우리도 다 그런 소명을 듣는 시점이 있다. 하지만 많은 사람이 그 목소리를 무시하며 꿈이라 일축한다. 어떤 사람은 평생 소명을 피해 도망 다닌다. 그 작고 집요한 목소리를 외면하거나 늘 바쁘게 살다가 놓쳐 버린다. 애초에 들어 볼 시간조차 내지 않는 사람들도 많다. 하지만 듣는 사람들은 숨어 있던 데서 나와 그 한마디를 용감하게 아뢴다. "말씀하옵소서. 주의 종이 듣겠나이다." 그들의 이야기는 우리의 기억 속에 남아 있다. 이것은 자신을 내어드리는 행위이자 또한 자신의 연약함을 드러내는 행위다.

어린아이들은 세상이 자신의 재능을 필요로 하는 곳이며 신비와 기회로 가득한 곳임을 안다. 그런 사실을 즐긴다. 하지만 어른이 되면 그것을 실없게 여기며 무시한다. 한동안은 그대로 통한다. 우리는 안락과 안전과 사회적 지위에 매달려 살아간다. 그러나 자신의 영혼을 깨우는 부름을 계속 무시하면 점점 안절부절못하게 되고, 그 목소리가 차츰 커져 결국은 견딜 수 없게 된다.

사무엘의 이야기는 소명이 오는 방식에 대한 사례가 아니다. 그 음성은 사람마다 다르게 들려온다. 요지는 때로 우리가 애초에 듣는 법부터 배워야 한다는 것이다. 고대 이스라엘의 어린 소년에게도 소명이 쉽게 오지 않았다면 소음과 방해로 가득한 오늘의 분주한 세상 속에서는 얼마나 더 그렇겠는가? 그러니 귀를 기울여야 한다. 하지만 행동도 해야 한다. 선지자가 된 그 소년에게 이것은 시행착오의 과정이었다. 그는 부름을 세 번이나 잘못 대하고 나서야 비로소 바르게 반응했다.

이 이야기를 듣고 나서 우리는 자칫 소명이 계시로 시작된다고 착각하기 쉽다. 그건 그렇지 않다. 사실 명료한 소명은 갑작스럽고 아주 짧은 동안의 계시를 통해서가 아니라 의지적 결정의 연속을 통해 찾아온다. 사무엘의 이야기를 보면 아이의 평범한 일상 속에 이상한 사건이 끼어들어 삶을 새로운 길로 이끈다. 소명은 그렇게 온다. 번개처럼 번득이는 게 아니라 행동하지 않고는 배기지 못하게 자꾸 가만히 쿡쿡 찌른다. 소명이 비범해짐은 어떻게 반응하느냐가 아니라 반응한다는 사실 자체에 있다.

사무엘의 경우에는 초월적 만남이 있었으나 당시에는 그것이 평범하게 느껴졌다. 처음에 그는 그것을 오해했다. 다음에는 약간 부지중에 지도를 구했다. 스승이 부른 줄로 알았기 때문이다. 결국, 그는 목소리를 알아듣고 복종했다. 거기까지 가는 데 실패를 거쳤지만, 그는 그저 한 걸음씩 내디뎠다. 소명이 올 때 우리가 할 수 있는 일은 그것뿐이다. 소명이 언제 어디서 올지는 우리의 소관이 아니다. 하지만 그 순간에 자신이 어떤 존재가 되어 있을지는 본인이 하기 나름이다.

나 자신의 천직을 발견한 경험은 강렬하고도 평범했다. 친구 폴(Paul)이 내 꿈이 무어냐고 묻기에 모르겠다고 했더니 그는 이렇게 말했다.

"정말? 나는 자네의 꿈이 작가가 되는 건 줄 알았는데."

"그래, 그 말이 맞겠지. 나도 작가가 되고 싶어, 언젠가는." 내가 말했다. 친구는 내 눈을 똑바로 보며 말했다.

"제프. 작가가 되고 싶을 필요도 없어. 자네는 이미 작가잖아. 지금처럼 그냥 쓰기만 하면 돼."

그 대화 후로 나는 전에 없이 글쓰기에 돌입했다. 1년 동안 날마다 새벽 5시에 일어나 동트기 전까지 수백 단어씩 썼다. 어김없이 연습했다. 왜 그랬을까? 내가 누구인지 드디어 알았기 때문이다. 일단 내 정체를 알고 나니 행동이 따라왔다.

사무엘은 스승 엘리가 상황을 이해시켜 줄 때까지는 하나님이 자신에게 말씀하고 계심을 몰랐다. 이야기에 따르면 소년은 하나님의 음성을 듣고 있으면서도 도움이 필요했다. 계시만으로 부족했다. 폴과 대화할 때 나도 그랬다. 종종 삶이 우리에게 비범한 방식으로 말하지만 우리는 그 메시지를 듣거나 해석할 능력이 없다. 징후를 이해하거나 실제로 부름을 듣는 것만으로는 한계가 있다. 결단이 뒤따라야 한다. 요지는 이것이다. 소명을 발견하는 일은 신비로워 보이지만 신비로운 과정만이 아니다. 고도로 실제적인 과정이다. 아는 만큼 실행에 옮기거나 아니면 그 순간을 놓치거나 둘 중 하나다.

발견의 여러 단계

모든 위대한 발견은 한순간의 사건이 아니다. 평생의 일을 발견할 때는 특히 더하다. 사실 계시는 진화의 과정이며 단계별로 이루어진다.

첫째로, 부름이 들려온다. 사람마다 다르게 들리지만, 우리 모두에게 찾아온다. 어떻게 듣고 응답하느냐가 중요하다. 안타깝게도 자신을 위대함으로 부르는 목소리를 끝내 알아듣지 못하는 사람들이 많다. 사무엘처럼 그들도 뭔가를 듣는다. 하지만 그것을 어떻게 해석해야 할지 잘 모른다. 멘토나 길잡이의 도움이 없으면 스스로 해야 하는데, 그러면 잘못 해석할 수 있다.

그래서 도제의 과정이 그토록 중요하다. 평생의 천직을 발견하려면 먼저 남의 꿈을 거들며 상당량의 시간을 보내야 한다. 멘토와 전임자를 통해 소명의 원리를 배운 다음에야 비로소 자신을 부르는 목소리를 믿을 수 있다. 장인인 스승의 공방에서 한동안 부대껴야 자신의 직업에 무엇이 요구되는지 알 수 있다. 겸손은 계시의 선결 조건이다. 겸손하지 못한 사람의 꿈은 단명(短命)하고 이기적이다.

둘째로, 반응해야 한다. 말만으론 부족하고 실행이 따라야 한다. 소명에 제대로 반응하려면 노력이 필요하다. 뭔가를 해야 한다. 사무엘은 계속 침대에서 나와 스승이 무엇을 원하는지 가서 알아보았다. 엘리 제사장이 자기가 부르지 않았다고 자꾸 그러는데도 말이다. 사무엘은 부족한 예리함을 끈질김으로 보충했다. 그거면 충분하다. 약간의 끈기가 당신을 소명으로 데려다준다.

셋째로, 이제 당신은 믿기 시작한다. 이것이 천직의 역설이다. 우리는 열정이 먼저요 갈망이 기본이라 생각한다. 하지만 참으로 부름받으면 우리가 준비되기 전부터 늘 일이 먼저 온다. 자신이 준비되지 않은 것 같아도 실행해야 한다. "재능은 소명에 선행하지 않는다." 언젠가 누가 내게 해준 말이다. 평생의 일 속으로 한걸음 들어가면 그 일을 위해 자신이 평생 준비됐음을 알게 된다. 당장은 자신이 부족하게 느껴질지라도 말이다. 일단 부름받고 나면 성장하고 변화될 수밖에 없다. 그걸 보고 당신이 부름받았음을 안다.

소명은 때로 신비롭지만, 실제적 반응을 요구한다. 꿈을 실현하는 과정은 작은 의지적 걸음들을 통해 이루어진다. 결단하면 기회가 모습을 드러낸다.

사무엘은 자기 생각보다 더 많이 준비되어 있었다. 이미 거주지를 옮겨 거룩한 사람과 함께 살고 있었다. 계시의 조건이 갖추어진 셈이다. 그가 우연히 행한 몇 가지 일도 그를 소명에 준비시켜 주었다. 예컨대 그는 멘토를 찾아 나섰다. 물론 본인의 선택이 아니라 부모가 해준 일이지만 어떤 면에서 그게 요지다. 당신도 자력으로 얻어내지 않은 기회를 물려받는다. 잘 주목하면 그런 기회의 정체를 알아볼 수 있다. 그것은 바로 소명을 들을 기회다.

칼슨 부부가 남아공으로 이주한 일도 비슷하게 훗날 부룬디로 부름받는 준비 과정이었다. 미리부터 알았던 것은 아니다. 거기에 묘미가 있다. 소명은 당신이 특정한 시점까지 행한 모든 일을 취해 준비로 전환한다. 벤과 크리스티는 마음이 준비되어 있었다. 그래서 기회가 왔을 때 붙잡을 수 있었다. 지니 팽의 심중에도 낙태해서는 안 된다는 집요한 느낌이 있었다. 그게 준비였다. 그것이 어디서 와서 왜 있는지 자신도 몰랐지만, 그 직감을 믿어야 한다는 것만은 알았다. "어떻게 해낼지 머리로는 몰랐지만, 마음으로는 정말 옳게 느껴졌어요." 지니의 말이다.[5]

소명에 응답하는 일은 때로 그렇게 느껴진다. 이치에 맞지 않고 거부와 비판마저 부를 수 있다. 하지만 마음속으로 그것이 옳음을 안다. 어떻게 아는가? 확증이 온다. 한 걸음을 내디디면 일이 벌어진다. 기회가 열린다. 그 길로 가야 함을 사람들의 말과 심지어 원초적 직감을 통해 안다. 그 길이 쉽거나 안전해서가 아니라 옳기 때문이다.

소명이 감정이라는 말은 아니지만 느낌도 과정의 한 부분을 차지한다. 느낌을 믿을 수 있는 시점이 온다. 어떻게 아는가? 준비하기 때문이다. 당신은 부름이 들려올 만한 곳에 스스로 가 있고, 메시지를 분별하도록 도와줄 사람을 곁에 두며, 마침내 자신을 실행에 내어준다.

감정 자체는 전적인 신뢰의 대상이 아니다. 하지만 감정을 사람들의 지혜에 비추어 시험할 수 있다. 사무엘처럼 멘토를 찾을 수 있다. 칼슨 부부처럼 준비의 자리에 가 있을 수 있다. 이 부부는 성공을 보장받은 적도 없고 다음에 무슨 일이 벌어질지도 좀처럼 몰랐다. 하지만 마지막처럼 느껴지던 매 걸음이 사실은 마지막이 아니었다. 결정을 내릴 때마다 새로운 기회가 열렸다.

어느덧 당신은 자신의 삶이 특정한 방향으로 움직이고 있다고 생각할지도 모른다. 당신의 꿈이 점차 탄력을 받을 수도 있고, 소명이라는 개념이 비로소 명확해질 수도 있다. 아니면 여전히 길을 잃은 심정일 수도 있다. 어느 경우든 아직 시작일 뿐임을 잊지 마라. 한 걸음씩 내디딜 때마다 새로운 선택의 기회가 찾아온다.

시간을 내서 여태 당신이 겪었던 모든 일을 돌아보라. 당신의 삶이 해주는 말을 경청하라. 당신의 삶 속에 멘토들을 청해 소명의 분별에 도움을 받아라. 지금은 전체를 하나로 묶어 주는 공통된 주제나 가닥을 파악할 수 있는 절호의 기회다. 점차 어떤 틀이 보이거든 너무 급히 움직이지 마라. 적시에 기회가 열릴 것을 믿고 그저 한 걸음씩 내디디면 된다.

당신이 범할 수 있는 최악의 실수

대학 신입생 때 나는 레인(Lane)이란 여자를 짝사랑했다. 레인은 귀여웠고 곱슬머리에 미소가 예뻤다. 나보다 두 살 연상이었다. 여자친구와 막 헤어진 뒤였던 나는 어서 데이트를 다시 시작하고 싶었다. 레인은 완벽한 여자처럼 보였다. 레인에게 데이트 신청을 하겠다고 친구들에게 말했더니 친구들이 어떤 식으로 할 거냐고 물었다.

"그냥 전화하려고 했지." 내가 말했디.

"뭐라고?!" 친구 더그(Doug)가 소리를 높였다. 그는 늘 로맨틱한 사나이였다. "제프, 설마 농담이겠지? 여자의 마음을 확 사로잡아야지. 에이, 크게 한 방 하든지 아니면 집어치워라."

그래서 나는 기숙사의 방구석에 기타가 놓여 있는 남자 대학생이 할 만한 일을 했다. 레인을 위해 노래를 만들었다. 노래는 90초간의 순전한 서정적 환희였고 로맨스의 정수였다. 쓰는 데도 며칠밖에 걸리지 않았다.

어느 토요일 오후 수화기를 들고 레인의 번호를 돌렸다. 벨 소리가 세 번 울린 뒤에 딸각 소리가 났다.

"여보세요?" 그녀의 목소리였다. 얼른 수화기를 내려놓고 기타를 들고 밖으로 나가 문을 닫았다. 레인이 방에 있다는 걸 알았기 때문이다. 기타를 어깨에 둘러메고 캠퍼스를 가로질러 레인의 기숙사로 갔다. 현관에서 숨을 고른 뒤 누가 문을 열어 주기를 기다렸다가 드디어 곧장 그녀의 방으로 가 노크를 했다.

문이 열렸다. 방 안에 들어서니 사람들이 가득했다. 대학생들이 토요일 오후 으레 그렇듯이 대여섯 명이 거실에 앉아 잡담을 나누고 있었다. 내가 들어가자마자 그들은 일제히 내게로 고개를 돌렸다. 레인은 불안한 미소를 지으며 나를 보았다. 나는 한마디도 하지 않았다.

등 뒤의 기타를 앞으로 돌려 가슴께로 바짝 올린 뒤 연주를 시작했다. 구경꾼들을 최대한 무시한 채 90초 동안 레인에게 세레나데를 불러 주었다. 노래는 음정에 맞추어 이런 가사로 끝났다. "나와 함께 춤추러 가실까요?" C 코드를 튕겨 마무리한 뒤 레인을 보며 대답을 기다렸다.

그녀가 나를 보기에 나도 계속 보았다. 다른 사람들은 다 우리를 보았다.

나는 기다렸다.

심호흡한 뒤 괜히 자신 있는 척하며 그녀를 향해 씩 웃었다. 얼마나 기다려 온 순간이던가. 몇 주를 들여 연출해낸 순간이었다. 친구들의 말대로 나는 크게 한 방 했고 내 패를 다 내놓았다. 이제 공은 그녀에게 넘어갔다. 이윽고 레인의 입에서 나온 짧은 한마디는 나를 무참히 무너뜨렸다.

"안... 돼." 나는 낭패감에 고개를 떨구었다.

"미안해." 나는 어깨를 축 늘어뜨린 채 이해한다는 듯이 고개를 끄덕였다. 그러고는 그보다 더 한심한 짓을 했다. 방에서 나오지 않았다. 슬쩍 자리를 뜨기는커녕 방 한가운데에 앉아 함께 어울리려 했다. 여러 사람 앞에서 노래를 부른 뒤 여자에게 퇴짜 맞고 그냥 떠나는 것보다는 왠지 그게 덜 창피하다는 듯이 말이다.

대화에 끼려 했으나 호기심에 찬 시선들만 돌아왔다. 그래도 나는 침착한 척했다. '뭐, 그거? 방금 내가 한 일? 응, 토요일마다 하는 일이야. 사실 오늘도 즉석 쇼를 세 번은 더 해야 해! 이건 그냥 퇴짜 맞는 기숙사 순회공연의 하나일 뿐이라고.' 어색함을 더는 견딜 수 없어 결국 일어나 방을 가로질러 자리를 떴다. 레인이 얼른 배웅하러 나와서 복도를 함께 걸었다.

"어쨌든 노래는 고맙다!" 그녀가 상냥하게 말했다. 나는 이를 악문 채 최대한 빈정대는 투로 되받았다.

"별말씀을. 남을 즐겁게 해주고 싶거든." 그러고는 밖으로 나왔다. 그 사건 이후 내가 여자에게 그렇게 배짱 좋은 일을 다시 하기까지 오랜 시간이 걸렸다. 지금 그때를 돌아보면 왜 그렇게 되었는지 이해가 된다. 레인은 왜 나를 거부했을까? 아마 우리가 서로 알고 지낸 1년 동안 내가 그녀에게 한 말이 총 1백 단어도 안 되었을 것이다. 나는 그녀에게 한 번도 그녀와 함께 하는 비전을 나눈 적이 없이 머릿속으로만 관계의 환상을 쌓아올렸다.

내 생각에 우리는 우리의 꿈에 대해서도 똑같이 한다. 우선 멀찍이서 꿈에 대해 집적거린다. 이어 공상에 빠진다. 좋아하는 일과 맺어지면 삶이 어떻게 될지 상상만 할 뿐 실제로 일은 하나도 하지 않는다. 그저 용기를 쌓으며 기다린다. 모든 열정을 비축해 두었다가 결정적인 그날이 오면 다른 것을 다 버리고 거기에 몰입한다. 그리하여 마침내 도약한다.

하지만 때로 우리는 그 반대편에 이르지 못하고 나동그라진다. 그러면 기를 쓰고 일어나 먼지를 털고 다시 시도한다. 하지만 그런 일이 자꾸 반복되면 익숙한 이야기로 합리화를 시작한다. 세상이 냉정하고 잔인한 곳이라 내 꿈의 자리는 없을 거라고 말이다. 이렇게 우리는 환멸에 빠져 소명에 대해 최악의 실수를 범한다. 다리를 놓는 게 아니라 모든 에너지를 도약을 위해 비축한다.

우리가 열정을 추구하는 방식에 문제가 있다. 현실이 늘 우리의 생각과 일치하지는 않는다. 레인이 나의 청을 거절한 것은 나를 몰랐기 때문이다. 아무리 다르게 생각하고 싶어도 나 또한 그녀를 잘 몰랐다. 꿈처럼 관계도 시간이 걸린다. 관계란 반복되는 일상과 재미없는 일로 가득하다. 따라서 현실 생활에는 어울리지만, 영화 대본으로는 맞지 않는다. 나는 10년 가까이 내 열정에 대해 그렇게 했다. 열정의 대상을 꿈꾸었고, 거기에 대해 말했고, 심지어 행운이 찾아오면 좋아하는 일을 생업으로 삼겠다고 "계획"까지 세웠다. 하지만 그러는 내내 착각에 빠져 도약의 신화를 믿었다. 바로 그것이 나를 막아 꿈을 이루지 못하게 했다.

1930년대 벨기에 출신 이주민들은 식민지인 부룬디에 커피를 심기 시작했다. 수십 년 동안 부룬디는 커피 원자재 생산에만 이용되었을 뿐 각종 천연자원은 방치되어 있었다.[6] 그런데 방대한 매장량의 풍부한 자원도 자원이지만 커피마저도 진가를 인정받지 못했다. 최근까지는 그랬다.

세계 최빈국들의 도표를 보면 GDP(국내총생산)가 세계에서 두 번째로 낮은 부룬디가 목록의 상단에 위치한다.[7] 부룬디의 농부들은 바나나, 카사바, 콩 등 온갖 작물을 재배하지만, 수익 작물은 거의 커피뿐이다. 국가의 수출 수익원의 80%를 커피가 차지하며 인구의 절반 이상이 커피로 먹고 산다.[8] 농부들은 커피를 팔아 자녀의 학비와 가족의 의료비와 직접 재배할 수 없는 모든 작물의 식비를 댄다. 부룬디에서 커피는 생사가 달린 문제다.

분명히 부룬디의 커피는 제대로 재배해 볶기만 하면 아프리카의 어떤 콩과도 다른 음료가 된다. 하지만 형편없는 유통 때문에 전 세계 커피 소비자의 태반이 그것을 놓치고 있다. 부룬디의 커피가 마땅히 받아야 할 주목을 받지 못하기에 벤과 크리스티가 그것을 바꾸려는 것이다. 그들에게 커피는 단지 추구해야 할 열정이 아니라 지역사회와 어쩌면 한 나라의 삶을 변화시킬 기회. 그들은 처음에 커피 세정 시설로 시작했다가 시간이 가면서 사업을 본격화했다.

벤과 크리스티에게 롱 마일즈 커피 프로젝트(Long Miles Coffee Project)의 출범은 커피 사업에 뛰어드는 방법일 뿐 아니라 희망을 제시할 기회였다. 부룬디 인구의 거의 3분의 2는 빈곤선 이하의 생활을 하고 있다.[9] 인프라가 부족하다 보니 커피 생산으로 인한 수익의 대부분을 중간 상인들이 가로챈다.[10] 이 프로젝트의 목표는 직거래를 통해 더 나은 임금을 받게 함으로써 현지 농부들의 삶을 향상시키는 것이다.

이 농부들은 칼슨 부부가 다달이 돈을 보내는 먼 나라의 구호 대상이 아니라 이들의 이웃이 되었다. 날마다 얼굴을 대할 뿐 아니라 자녀들도 한데 어울려 논다. 세계 최빈국 중 하나인 부룬디에서 일하게 되었기에, 이제는 자신들을 도우려는 사람들을 이해할 뿐 아니라, 삶을 그들과 함께 경험하는 게 중요하다.

처음에 부룬디로 가려고 생각할 때만 해도 벤과 크리스티는 그들이 꿈꾸던 일에 내포된 의미를 몰랐고, 개발도상국에서 창업하며 부딪칠 모든 싸움도 예상하지 못했다. 하지만 길을 찾아야 한다는 것만은 알았고, 그 결의가 지혜로 이어졌다. 그들은 공부하고 계획하고 기도했다. 어찌해야 할지 모를 때는 도약했다. 하지만 이 "도약"에는 많은 설명이 필요하다.

칼슨 부부는 무턱대고 아무 데로나 가기로 한 게 아니다. 그들은 업계를 연구했고, 폭발적인 세계 시장에 양질의 커피를 공급하도록 생산업자들을 도울 기회를 찾아냈다.[11] 이주도 결코 일시적 기분에 따른 게 아니다. 이주하기 전 남아공에서 10년을 지냈다. 물론 프랑스어를 배우고 새로운 문화에 적응하는 게 쉽지는 않았다. 하지만 이를 "도약"이라 부르는 것은 전혀 옳지 못하다. 굳이 말하자면 그들은 다리를 놓았다.

벤과 크리스티가 이 모든 일을 할 수 있었던 것은 왜 그 일을 해야 하는지에 대한 동기가 분명했기 때문이다. 그들 자신과 자신의 안락을 뛰어넘는 동기가 있었다. 관건은 그들 자신만이 아니라 자신들이 이루고 싶은 변화였다. 그래서 그들은 회의적인 생각이 들 때도 무기력해지거나 중단하지 않았다. 길을 찾아냈다. 완벽한 길이 나타나기를 기다린 게 아니라 기회를 보고 붙잡았다. 그들은 융통성이 필수임을 알고 일단 시작했지만, 미련하게 뛰어든 것은 아니다.

2년 반이 지난 지금도 여러 도전과 문화 차이가 그들을 좌절에 빠뜨리곤 한다. 하지만 일 이상의 목적을 깨닫게 되었고, 자신들이 뭔가 더 큰 일의 일부임을 알기에 그간의 모든 고생은 보람이 있었다. 그들은 어떤 새로운 일로 도약한 게 아니라 다리를 놓았다. 다리의 묘미는, 저 멀리 끝이 다 보이지 않아도 반대편에 이를 수 있다는 것이다.

한 걸음씩만 내디디면 된다.

모른다고 변명해서는 안 된다

내 친구 브라이언 얼레인(Bryan Allain)은 〈포춘〉지 선정 500대 기업에 든 한 회사에서 거의 10년째 천천히 승진 가도를 달리고 있었다. 그런데 2년 전 그 안정된 직장을 그만두고 과감히 독립해 작가가 되었다.[12] 직장 동료들의 반응이 어땠느냐는 나의 물음에 그는 그들이 놀랍게도 지지해 주었고 일부는 부러워하기까지 했다고 말했다. 하지만 다소 그를 불안해 했다.

모든 대화는 똑같이 끝났다. "나도 그럴 수 있었으면 좋겠네요." 동료들의 말에 "하실 수 있잖아요." 브라이언이 답했다. 그러면 그들은 으레 안 되는 이유를 늘어놓았다. 어디서부터 시작해야 할지 또는 무엇을 해야 할지 모른다고 했고, 의료보험을 잃거나 가족의 행복이 깨어질까 무섭다고 했다.

"실패하면 어쩌려고? 그러면 어떻게 되지?" 브라이언은 그들이 망설이는 진짜 이유가 두려움 때문이라는 걸 느꼈다. 물론 두려울 만도 하다. 직장을 그만두고 꿈을 추구하는 일은 결코 안전하지 못하다. 이런 도약을 하면서 조금도 불안하지 않다면 아마도 대가를 따져 보지 않은 것이다. 그런데 문제는 두려움이 아니다. 진짜 문제는 많은 사람이 두려움 때문에 현실에 안주한다는 것이다.

이런 두려움은 누구에게나 어느 정도 있다. "어떻게 해야 할지 모르겠다"는 짧막한 말을 가만히 두면 우리를 불안에 빠뜨려 목적을 등지게 한다. 어떤 글을 쓸 것인가? 무엇을 연주할 것인가? 어떤 분야로 창업할 것인가? 어디서부터 시작할 것인가? "모르겠다"는 말은 악의가 없어 보이지만 그 말과 함께 꿈이 죽을 수 있다. 그 모르는 순간에 우리가 정말로 하는 말은 안전한 여정을 원한다는 것이다. 반전도 없고 돌발 사태도 없이 각본이 다 짜여 있기를 원한다. 시작과 끝이 분명하기를 원한다. 하지만 안타깝게도 이 과정은 대개 그렇게 돌아가지 않는다.

이것을 지도와 지구본에 견주어 생각해 볼 수 있다. 지도는 쉽다. 평평하고 뻔하며 노선을 쉽게 그릴 수 있다. 단순한 2차원의 지면 위에 펼쳐진 전경이 한눈에 들어온다. 그런데 지도는 쉬운 만큼 비현실적이다. 세상은 평평하지 않다. 세상은 색색으로 표시되어 있지도 않다. 간편하게 접어 자동차의 서랍에 보관할 수도 없다. 삶이란 너무 복잡하고 아름다워 지도 한 장에 담아낼 수 없다. 지도는 전체를 한눈에 보는 데는 도움이 되지만, 여정의 규모를 이해하는 데는 도움이 안 된다.

지도와 비교하면 지구본은 복잡하고 축을 중심으로 돌아간다. 지형을 그대로 살려 산지나 대양의 일정 지역이 융기된 것도 있다. 지구본은 세상에서 가장 쓰기 쉬운 도구도 아니고 분명히 보관하기도 더 어렵다. 하지만 대체로 현실을 가장 정확히 담아낸 작품이다. 대개 지도는 한 지방에서 다른 지방으로 비교적 근거리를 여행할 때 사용되고 지구본은 세계 여행에 사용된다.

지도와 지구본 중 어느 쪽을 사용하겠는가? 답은 행선지가 어디냐에 따라 달라진다. 사람들이 브라이언에게 꿈을 어떻게 추구할 거냐고 구체적으로 물었을 때 그는 솔직히 답을 다 모른다고 시인했다. 그는 지도가 없었다. 정확히 어디로 가야 할지도 몰랐다. 그저 전진해야 한다는 생각뿐이었다. 언젠가 그는 그것을 내게 이렇게 설명했다. "만약 자네가 캔자스에 살고 있다고 가정해 보세. 그곳도 살기에 나쁜 곳은 아니지만, 자네는 늘 바닷가를 동경하지. 파도와 백사장과 석양을 꿈꾸지. 그런데 자네는 생전 집을 떠나지 않아. 바닷가의 어느 지점으로 가고 싶은지 정확히 모른다는 까닭에 말이야."

어떻게 시작해야 할지 모르겠다면, 브라이언은 일단 캔자스를 떠나라고 말할 것이다. 그게 당신의 첫걸음이다. 일단 물이 있는 쪽으로 가라. 가다 보면 바닷가가 나온다. 그곳에 도착한 후 어느 지점이든 마음대로 고르면 된다. 처음부터 정확한 주소가 필요한 것은 아니다. 당신의 꿈에 이르는 길은 목적지에 도착하기보다는 방향을 따라가는 과정이다.

소명을 추구하기 시작하면 그 일이 생각보다 어려울 수 있다. 그래도 괜찮다. 그것은 어징이 당신의 예상보다 크다는 뜻이다. 당신이 해야 할 일은 계속 전진하는 것이다. 가만히 서 있지 마라. 남이 허락할 때까지 출발을 미루느라 시간을 허비하지 마라. 그런 식으로 되는 일이 아니다. 당신에게 지도를 줄 사람은 아무도 없다. 스스로 미지의 세계로 들어서야 한다. 가는 길에 경청하며 길을 찾아가라. 회의가 들 때는 물이 있는 쪽으로 운전한다는 것만 기억하라. 일단 차에 타면 방향은 언제든지 바꿀 수 있다.

누구나 할 수 있는 일이다

부룬디로 이주한 지 1년 반이 지났을 때 칼슨 부부는 꿈꾸던 사업에 착수했다. 최대한 많은 사람을 돕고 싶었고, 롱 마일즈 커피 프로젝트가 중요한 도구가 될 수 있다는 잠재력을 보았다. 그들은 온 힘을 기울였다.

농부들에게 공정가를 제공해야 한다는 헌신과 "세상에 이바지하면 돈은 따라온다"[13]는 벤저민 잰더(Benjamin Zander)의 말에 도전 받아 그들은 사업으로 한번 부딪쳐 보기로 했다. 걸음을 내딛기 전부터 전부 다 알았던 것은 아니다. 하지만 그들은 일이 잘되어 가리라 믿었다. 크리스티는 내게 이렇게 썼다. "누구나 무턱대고 직장을 그만두어야 한다는 말은 아닙니다. 다만 어떤 모험은 그만한 가치가 있으며, 일단 모험에 나서면 종종 기회가 열린다는 말이지요." 그들의 일은 현재까지는 잘 풀렸다.

때때로 벤과 크리스티도 둘 다 포기하고 싶을 때가 있다. 그들은 그것을 숨기지 않으며 블로그에 그런 회의를 나누기까지 한다. 그래서 더욱 그들에게 호감이 간다. 그들은 평범한 보통 사람처럼 보인다(보통 사람이기 때문이다). 그들이 "도약한" 후에도 완전히 명료하지 않기는 마찬가지다. 천직의 길을 가는 여정은 때로 혼란스럽다. 연속 11일째 정전되거나 가족이 아프면 크리스티는 양질의 의료보험과 전기가 기본으로 존재하는 미국의 집으로 돌아가고 싶어지기도 한다. "부룬디는 내게 늘 살기 어려운 곳이 될 거예요. 풍부하고 충분하지만 어려운 곳이지요." 그녀의 말이다.

풍부하고 충분하지만 어렵다. 소명도 이와 같은 말로 묘사될 수 있다. 다섯 살 때 뇌종양에 걸린 개럿 러시-밀러에서부터 낙태하지 않았다는 이유로 가족에게 버림받은 지니 팽에 이르기까지 그것이 일관된 주제다. 평생의 일을 찾기란 쉽지 않다. 안락보다 고통을 안겨 줄 수도 있다. 하지만 대가를 치를 가치가 있다. 칼슨 부부는 온갖 역경에도 불구하고 희망을 품었다. 팀이 커질수록 자신들이 날마다 더 강해지는 느낌이다.

그것이 천직을 향한 모든 여정의 현실이다. 평생의 일이 덧없고 나약한 꿈일 뿐 결코 실행으로 뒷받침되지 않는다면, 그것은 얼마 가지 못한다. 역경이 닥쳐오면 포기하고 더 쉬운 일로 바꾸고 싶어진다. 역경은 언제나 오게 마련이다. 하지만 소명을 멋진 구상으로만 남겨두지 않고 기꺼이 고된 노력을 쏟고 인내하며 과감한 걸음을 내딛으면, 고생이 닥쳐와도 견고히 설 수 있다.

인터뷰 도중에 내가 실수를 범했다. 칼슨 부부가 그렇게 도약한 것은 위대한 일로 부름받았다는 소명감 덕분이라고 말했다. 그러자 크리스티가 즉각 고쳐 주었다. "긍정적 영향을 미치고 싶은 건 사실이에요. 하지만 우리가 남보다 위대한 일로 부름받았다는 생각은 없었고 지금도 없습니다. 다만 우리의 기술을 삶의 현장에 쓰도록 부름받았다고 믿어요. 기회를 찾아 세상에 이바지하는 거지요. 여기에 '위대하다'는 단어를 붙이면 마치 우리가 평범한 사람이 아닌 것처럼 보이는데 우리는 그저 평범하고 평균적인 사람이거든요. 자신에게 잘 맞아 보이기만 한다면 누구라도 우리처럼 이 방향으로 움직일 수 있습니다. 작은 한 걸음씩이라도 말이지요."

회전축을 찾아라.

연습1에서 그었던 줄로 다시 돌아가 당신이 가장 크게

실패했던 순간들을 표시하라.

시도한 일이 잘 안 되었던 때는 언제인가?

누군가에게 거부당하거나 직장에서 해고된 적이 있는가?

그 뒤로 어떻게 했는가?

장애물 때문에 어쩔 수 없이 방향을 바꾸어야 했던 때를 찾아보라.

이를 통해 자신에 대해 무엇을 배웠는가?

이번에는 장차 필요한 회전축을 열거하라.

소명이 들어설 자리를 내려면 꼭 필요한 변화는 무엇인가?

현 직장을 그만두어야 하는가?

다른 도시로 이사해야 하는가?

마케팅 광고문을 그만 쓰고 소설에 착수해야 하는가?

변화의 방법까지는 몰라도 좋다. 일단 그냥 열거하라.

실행해 보면 명료해진다.

회전축에 대한 더 자세한 내용은 artofworkbook.com/pivot를 참조하기 바란다.

벤과 크리스티 칼슨의 이야기에서 보듯이 꿈을 성공적으로 추구하는 일은 단번의 거대한 도약이라기보다 오랜 시간에 걸친 다리 놓기에 더 가깝다. 당신의 소명으로 이끌어 줄 다리 놓기를 오늘 어떻게 시작할 수 있겠는가?

회전축을 활용하라

05

첫 번에 성공하지 못하거든 한두 번 더 시도하라. 그다음에는 그만두라. 지독한 바보가 되는 건 무의미하다.
　—W. C. 필즈(W. C. Fields)

"성공은 실패의 계절 후에 찾아온다"

직업

기존 생각

흔히 "천직과 실패는 어울리지 않는다. 일이 무의미한 시절이나 앞뒤가 맞지 않는 듯한 시기, 시간을 허비한 것 같은 경험들은 천직 찾기에 실패했음을 보여준다"고 말한다.

"실패는 가장 좋은 친구다. 장애물을 억지로 밀어붙일 게 아니라 회전축을 활용하여 우회하라. 실패하거나 거부당할 때마다 거기서 뭔가를 배우라. 성공의 계절은 실패의 계절 후에 찾아온다."

소명을 바로 알려면 몇 번의 시도를 거쳐야 한다.

요컨대 실패는 우리를 성공하지 못하게 막는 게 아니라 성공으로 이끈다.

매트 맥윌리엄스(Matt McWilliams)는 늘 자기가 크면 프로 골퍼가 될 거라고 생각했다. 파인허스트 2번 코스는 "미국 골프의 요람"으로 알려진 노스캐롤라이나 주의 리조트다. 거기서 500m도 떨어지지 않은 곳에서 태어난 매트는 아버지의 뒤를 잇는 것이 자신의 운명이라 생각했다. 하지만 상상조차 못한 일이 일어났다. 그는 훗날 아버지에게 해고당했고, 그 뒤로 몇 년 동안 여기저기서 거부당했다. 그런데 신기하게도 이 모두가 그의 소명으로 연결되었다.[1]

고등학교 때 매트는 테네시 주 고교선수권전을 포함해 테네시의 5대 주요 청소년 골프대회 중 네 곳에서 우승했다. 대학 때는 뉴포트의 애덤스컵, 베리대학 춘계초청전, 캐롤라이나스 아마추어대회 등 여러 대회를 석권했다. 테네시대학교에서 골프의 일인자였던 그는 자신의 미래가 골프에 있음을 너무도 확신한 나머지 굳이 졸업도 하지 않았다.

그 뒤로 프로가 되어 1년쯤 골프를 쳤다. 그런데 대학 때 시작된 팔목의 격통이 어느 날 악화되었다. 통증은 왼쪽 상반신 전체로 퍼져나갔고 결국 몸을 움직일 수 없어 부득이 병원을 찾았다. 중증 건염(腱炎) 진단과 더불어 의사는 대수술을 받던지 골프를 줄이라고 했다. 매트는 후자를 택했다. 그러면서 골프에 대한 자신의 열망이 생각만큼 절실하지 않음을 깨달았다. 하지만 달리 무엇을 할 수 있겠는가? 여태까지 그가 알고 예상하고 원했던 것은 골프뿐이었다. 그런데 이제 와서 뜻밖에 계획이 바뀌고 있었다.

평생의 일을 찾다 보면 우리도 걸림돌과 도전에 부딪친다. 우리는 그것이 길을 방해한다고 보고 극복하려 한다. 하지만 사실 그런 걸림돌이 성공의 수단이 될 때도 있다. 매트는 궁여지책으로 노스캐롤라이나 주 서던파인즈에 있는 아버지의 회사 놀우드 페어웨이즈에 들어갔다. 골프장에서 강사로 일하다가 그는 온라인 마케팅이라는 새로운 기술에 눈떴다. 거의 매일 밤늦도록 웹사이트를 만들거나 골프 강좌 광고물을 제작했다. 희한하게도 자신이 그 강좌에서 가르칠 마음은 전혀 없었다. 막상 거들고 있는 교육 사업에는 눈곱만큼도 관심이 없는데 마케팅은 마냥 좋았다. 모든 게 계획대로 진행되었더라면 결코 그 분야를 알지 못했을 것이다.

자신에게 신규 고객을 끌어들이는 재주가 있음을 깨달은 매트는 골프장에서 계속 일하면서 2002년 부업으로 퍼스트 레인 컨설팅이란 자기 회사를 차렸다. 그런데 2003년 7월 1일 뜻밖의 사태가 발생했다. 자신의 생일 다음 날이라 그 날짜를 기억하는데, 아버지가 그를 해고했다. 타이밍이 좋지 않았지만, 예견하던 바였다. 그는 "훨씬 전에 있었어야 할 일입니다"라고 시인했다. 해고를 당해 보기는 그때가 처음이었다.

2004년 여름 매트는 시간의 절반을 노스캐롤라이나 주의회의 어느 선거운동에 사용하고 나머지 절반은 자문해 오는 고객을 위한 온라인 마케팅에 사용했다. 이 시기 온라인 마케팅 기술을 계속 연마하면서 그는 언어와 이미지로 사람들의 동기를 유발할 수 있다는 사실에 더욱 매료되었다. 그는 "잠을 한숨도 자지 않고 연속 36시간 동안 웹사이트 하나를 디자인한 적도 있습니다"라고 회상했다.

선거운동이 끝날 즈음 매트의 고객은 더는 그의 서비스가 필요하지 않게 되었다. 그는 또다시 실직자가 될 판이었고, 그다음 일에 대한 계획도 없었다. 돈이 떨어져 본가에 살고 있었는데 다행히 한 친구가 보험회사 웹사이트를 만들어 달라고 전화를 해왔다. 정확히 그가 기도하던 일이었고 시기도 딱 맞았다. 하지만 아쉽게도 단회로 끝났다. 매트는 더 안정적인 일이 필요했다. 나이도 들어가고 있고 평생 무엇을 해야 할지 고민도 되었기 때문이다.

작업이 끝난 지 얼마 안 되어 그 친구가 다시 전화해 이번에는 자신의 창업을 도와 달라고 했다. 보험회사들의 우량 잠재고객을 창출하는 회사라고 했다. 처음에는 거절했다. 매트는 자영업이 좋았고 스스로 사장으로 지내는 자유를 즐겼다. 친구가 다시 부탁했을 때도 사양했다. 그런데 그즈음부터 상황이 절박해졌다. 사업이 부진해 선택의 폭이 점점 좁아지자 결국 친구의 제안에 응했다.

2004년 12월 그들은 함께 사업에 착수했다. 우선 프로그래머부터 고용했다. 매트는 모든 영업과 제휴 관리와 웹디자인을 맡았고, 영업과 마케팅은 물론 기본 프로그래밍까지 배웠다. 근무 시간이 길고 일이 고되었지만 아주 즐거웠다.

테네시 주 프랭클린에 소재한 이 회사는 2007년 12월까지 종업원 40명, 연수익 1천2백만 달러로 성장했다. 결국은 2천만 달러에 육박했고 여러 가지 상도 받았다. 거의 모든 면에서 번창했으나 관계만은 예외였다.

매트는 의기양양했다. 꿈에 그리던 직업이었다. 적어도 그의 생각에는 그랬다. 하지만 성공이 커질수록 그의 거만함도 커졌다. 사무실 안팎에서 그는 완벽주의자이자 사소한 잘못에도 상대를 공박하는 사람으로 악명이 높았다. 누구도 복도에서 매트와 따로 마주치려 하지 않았다. 무슨 말을 들을지 몰랐기 때문이다.

하루는 두 소유주가 매트에게 다가와 최대한 정중하게 회사를 나가 달라고 했다. 그동안 그는 사람들을 형편없이 대했고, 부지중에나 무관심하게 사무실 안팎에서 많은 "상처"를 남겨, 다른 사람들이 처리해야 했다. 이것이 그가 두 번째로 당한 해고였다. 당시 그는 27세였고 그날은 그가 결혼식을 올리기 15일 전이었다.

6개월간 쉬면서 신혼을 즐기고 자신의 표현으로 "영적 여정"에 오른 그는 2009년 5월, 일에 복귀해 교육용 DVD를 파는 내슈빌의 어느 회사에 들어갔다. 이듬해 제휴 마케팅 총회에서 올해의 제휴 관리자 상을 받았고 그 뒤로 회사의 온라인 마케팅을 총괄하게 되었다. 그 직위에 2년간 있었다. 2년째 매트는 컨설팅 업체를 창업하고 싶은 생각이 떠나지 않아 사장에게 말했다. 사장은 그에게 덕담과 더불어 몇 가지 조언을 해주었다.

2011년 2월 그는 그 회사를 떠나 자신의 첫 번째 직장으로 돌아갔다. 2년 반 전에 해고당했던 바로 그곳이었다. 두 번째 재직 기간은 처음보다 더 짧았다. 거기서 일한 지 9개월이 지난 어느 금요일 밤, 매트는 저녁 식사 중에 아내에게 직장에 대한 불평을 늘어놓았다. 허구한 날 불평인지라 결국 질러 버린 아내는 그에게 언제 그만둘 것인지 정해야 한다고 말했다. 매트도 동의했다. 다음날 출근해서 사직할 날을 정하겠다고 말했다. 그런데 다음날 사설탐정이 매트의 집으로 찾아와 "당신이 쓰고 있는 직장 소유의 노트북컴퓨터를 회수하러 왔습니다"라고 말했다. 매트는 자신이 해고된 것을 그렇게 알았다. 그날부로 매트는 부업으로 운영하던 자신의 컨설팅 업체를 주업으로 확장하기로 했다.

현재 매트는 인디애나 주 포트웨인에 살고 있다. 이제 그의 사업은 샌프란시스코, 보스턴, 뉴욕, 시카고, 워싱턴 등 고객이 있는 곳이면 어디에나 미친다. 그의 이야기는 평생의 천직을 늘 알고 있던 소년이 난공불락의 걸림돌을 이겨내고 인내하여 마침내 꿈을 이룬다는 전형적 줄거리가 아니다. 그의 여정은 평범한 많은 사람들처럼 실패와 뜻밖의 불상사로 점철되어 있다. 이런 좌절의 순간들 때문에 우리는 자신이 하는 일에 관해 의문을 가진다. 매트 맥윌리엄스의 이야기는 자신이 가야 할 길로 가고 있는지 몰라 혼란에 익숙해 있는 사람들에게 은근히 격려가 된다. 누구나 자신의 소명을 잘못 알 소지가 있다.

그 모든 반전과 거듭 거부당한 일을 통해 아름다운 결과가 나왔다. 이제 매트는 자신의 소명을 발견했다. 물론 그 방식이 뜻밖이었다. 그는 성공을 통해 평생의 일에 도달한 게 아니라 실패를 통해 그것을 발견했다.

회전축의 위력

농구에서 드리블을 중단하면 그때부터 두 발짝밖에 갈 수 없다. 마지막 내디딘 발이 소위 "회전축"이 된다. 그 발은 뗄 수 없다. 하지만 다른 발은 자유자재로 움직일 수 있다. 공을 패스할 동료를 찾아 쉽게 회전할 수 있다. 드리블하기 전에도 회전축을 활용할 수 있는데 그러면 방향을 바꾸어 코트를 누빌 수 있다. 비록 제한된 발짝 수에서 붙박이가 되어야 하지만 단 한시도 방향이 어느 한쪽으로 고정되지는 않는다. 이것이 움직임의 묘미다. 다른 기회가 다 소진했어도 언제나 회전축을 활용할 수 있다.

2006년 앤드류 메이슨(Andrew Mason)은 큰일을 시도했다. 시카고대학교 대학원에서 공공정책 전공으로 석사과정을 밟고 있던 그는 부업으로 계약직 일을 하고 있었는데, 에릭 레프코프스키(Eric Lefkofsky)라는 사업가가 세운 회사에서 데이터베이스를 구축하는 일이었다. 2007년 메이슨은 레프코프스키의 후원으로 더포인트(The Point)라는 회사를 출범했다. 사람들을 모아 함께 문제를 해결하는 웹사이트로, 누구든 특정한 대의를 위해 소셜 미디어로 사람들을 결집해 행동을 독려할 수 있다는 개념이었다. 수익에는 아무도 별로 신경 쓰지 않았다. 변화를 이루어내는 게 관건이었다.

이 벤처 기업은 선한 의도에도 불구하고 지지부진했다. 설상가상으로 2008년 공황이 닥치면서 돈이 궁해졌다. 사업의 선례가 없던 더포인트는 곤경에 처했다. 대개 이들 팀은 웹사이트에서 하나의 대의를 중심으로 사람들을 조직했는데, 이번에는 레프코프스키의 강권에 따라 새로운 일을 시도하기로 했다. 돈의 절약을 대의로 삼은 것이다.

재정 위기에서 태동한 이 신개념은 같은 제품을 구매할 사람 20명을 모아 단체 할인을 받게 하는 것이었다. 애초 창업 계획에도 이 개념이 제안되긴 했었다. 1년이 좀 지나 레프코프스키가 이를 다시 거론했을 때도 메이슨과 팀원들은 보기 좋게 거절했다. 하지만 이번에는 레프코프스키도 그냥 넘어가지 않았다. 2008년 말 경기가 계속 악화되면서 회사는 직원들을 감원할 수밖에 없었다. 이제야 그들도 변화의 필요성을 절감했다.[2]

"시장 붕괴에서 오는 압박감도 있었고, 또 지출과 수익의 규모를 볼 때 새로운 시도를 통해 급한 불을 꺼야 할 시점이었습니다." 회사의 한 인사

가 뉴스 웹사이트인 〈비즈니스 인사이더〉에 한 말이다.[3]

그루폰(Groupon)이란 회사는 이렇게 생겨났다. 2011년 기업공개 때 이 회사의 자산 가치는 130억 달러에 육박하게 되었다.[4] 어떻게 그렇게 되었을까? 처음부터 계획한 일은 전혀 아니었다. 그들은 그보다 훨씬 효과적인 행동을 취했다. 창업 이래로 사업가들에게 큰 유익을 끼쳤던 전략을 원용했다. 회전축을 활용한 것이다.

회전축이 위력적인 것은 당신의 모든 변명을 앗아가기 때문이다. 이로써 당신은 진행 중인 경기를 다시 통제할 수 있다. 회전축은 복안(腹案)이 아니라 과정의 일부다. 뜻밖의 사태와 실패는 찾아오게 마련이다. 당신이 그런 풍랑을 얼마나 잘 이겨내고 살아남을 길을 찾을지는 회전축을 활용할 준비가 되어 있느냐에 달려 있다.

성공한 사람들에게서 중간의 실패담을 들을 때, 흔히 우리는 그들이 실패에도 불구하고 성공했다고 생각한다. 하지만 그건 그렇지 않다. 성공하는 사람들과 기관들은 실패에도 불구하고 성공한 것이 아니라, 많은 경우 실패 때문에 성공했다. 그루폰의 경우 실패한 자선사업이 영리 기업을 낳았고, 그 기업은 첫 설립자들이 상상하지도 못했던 방식으로 성공했다. 때로 실패는 당신에게 벌어질 수 있는 가장 좋은 일이다. 당신이 실패 속에 담긴 교훈을 경청할 줄만 안다면 말이다.

세상은 잔인할 수 있다. 당신의 꿈을 실현하는 일은 누구의 책임도 아니다. 힘든 시절은 오게 마련이다. 그런 시련의 시절에 당신의 성공을 결정하는 것은 회전축을 활용하는 능력이다. 모든 소명은 좌절에 부닥친다. 당신이 하는 일을 사람들이 원하지 않거나 이해하지 못할 때도 있다. 삶이 커브볼을 던지거나, 당신에게 있던 열정이 시들해질 때도 있다. 이럴 때면 누구나 포기하고 싶어진다. 하지만 이때야말로 가장 의지적인 행동이 요구되는 순간이다.

무엇을 추구하든 혼자서 하려는 유혹이 들 수 있다. 블로그 몇 개를 구독하고 경영 서적을 한 권 읽고는 그때부터 전문가처럼 행세하려 한다. 우리는 이런 진취적인 기업가 정신을 칭송하며 그것을 현대적 혁신의 동력으로 여긴다. 하지만 이건 틀려도 한참 틀린 생각이다. 모든 큰 일은 더 작고 사소한 일에서 시작된다. 역사 속 영웅들도 실패의 계절과 요긴한 준비 단계를 거쳤다. 알베르트 아인슈타인(Albert Einstein)은 특허 사무소에서 일했고, 벤저민 프랭클린(Benjamin Franklin)은 고향을 등져야 했고, 스티브 잡스는 자기 회사에서 쫓겨났다. 자신이 한물갔다고 느껴지는 시절, 나동그라진 채로 내 자리가 없다고 생각되는 시절은 누구한테나 있다. 그러나 고통은 훌륭한 스승이고 실패는 충실한 멘토다. 마음만 있다면 그 모두를 유익하게 활용할 수 있다.

아인슈타인은 단순 노동을 이용해 "사고 실험"을 수행했다. 프랭클린은 거부당한 경험에서 배워 사람들을 더 잘 이해하려 했고, 나중에 외교관으로서 그 교훈을 활용해 모든 단점을 강점으로 승화시켰다. 잡스는 실패의 부담이 덜한 중소기업 픽사에서 CEO직을 연습한 뒤 애플사로 돌아와 회사를 다시 살렸다. 실패에서 배우기만 한다면, 실패야말로 당신의 최고의 친구다. 로버트 그린(Robert Greene)이 「마스터리의 법칙」(살림Biz 역간)에 썼듯이 "반복되는 실패는 당신의 정신을 강인하게 하며 올바른 일 처리 방식을 더없이 명료하게 가르쳐 준다."[5]

매트 맥윌리엄스는 어떻게 실패를 성공으로 전환했는가? 분명히 그는 자신이 어디로 향하고 있는지 몰랐다. 계획 같은 건 없었다. 실패에 부딪쳤을 때 매트는 현실적이었다. 패배 앞에 체념하지 않았다. 그렇다고 이미 닫힌 문을 억지로 밀치려 하지도 않았다. 오히려 그는 창의적인 일을 했다. 앤드류 메이슨처럼 회전축을 활용했다. 방향을 새로 바꾸어 길을 찾아냈다.

실패의 계절

세간의 생각과는 달리 새뮤얼 애덤스(Samuel Adams)는 맥주를 만든 적이 없다. 그의 이름이 들어간 보스턴 라거 맥주를 제외하고, 세상은 그가 어떤 사람인지 대체로 잊어버렸지만, 그는 미국 건국을 주도하던 사람들에게 중요하고 영향력 있는 인물이었고, 또한 실패를 잘 아는 사람이었다.[6]

말로써 한 나라와 그 지도자들을 이끈, 우람한 체구의 애덤스는 수많은 신문 평론과 연설을 통해 허다한 무리의 행동을 끌어냈다. 토머스 제퍼슨(Thomas Jefferson)의 표현으로 그는 "독립운동의 진정한 실세"였다. 그의 6촌인 대통령 존 애덤스(John Adams)는 그가 "열과 성을 다해 독립운동에 심취했다"고 평했다.[7] 하지만 이렇게 미국의 가장 위대한 영웅들의 존경을 받기 전에 그는 인생의 태반을 회전축을 중심으로 실패와 실패를 전전하며 보냈다.

우선 그는 변호사가 되려 했다가 실패하자 맥주의 원료인 맥아를 제조하려 했다. 나중에 사업에 손댔으나 역시 실패했다. 무엇을 시도하든 성공은 새뮤얼을 피해 가는 것 같았다. 그에 대한 기대가 높았던 가족들은 그가 별 볼 일 없는 사람이 될까 걱정했다. 그는 정치에 몸담고 나서야 비로소 활기를 찾고 자신의 천직을 발견했다. 처음에는 글을 기고하고 주민회의에 참석하는 것으로 시작했다.

글쓰기를 통해 그는 미국 독립운동의 대변자가 되었고, 바로 그 목소리가 조지 워싱턴(George Washington), 토머스 제퍼슨, 존 애덤스 같은 인물들을 깨워 그 일에 뛰어들게 했다. 독립전쟁 후에도 그는 정치판에 남았으나 대통령이 되지는 않았다. 고향인 매사추세츠 주지사로 만족하며 여생을 거기서 보냈다. 알맞은 길을 찾을 때까지 계속 시도한 그 끈기와 의지와 아니었다면 새뮤얼 애덤스는 결코 자신의 목적을 발견하지 못했을 것이고, 미국이란 나라도 탄생하지 않았을지 모른다.

모든 소명에는 무의미한 시절이 있다. 아무것도 앞뒤가 맞지 않는 듯한 시기, 오해받으며 외롭게 광야를 방황하는 시기다. 남들의 눈에는 이때가 실패처럼 보인다. 마치 당신이 허공을 잡으려 하거나 그냥 시간을 허비하는 것처럼 보인다. 하지만 최대한 활용하기만 한다면 사실 이때야말로 인간에게 있을 수 있는 가장 중요한 경험이다.

많은 사람이 그런 것처럼 당신도 평생의 천직이 무엇인지 묘연할 수 있다. 모든 것이 혼란스럽고 엄두가 나지 않는다. 부모는 이렇게 말했는데 친구들은 다르게 말한다. 누구를 믿을 것인가? 어디에 집중할 것인가? 계획을 짜야 한다는 게 전통적 조언이지만, 앞서 보았듯이 계획이 늘 통하는 것은 아니다. 평생의 일을 찾으려 해도 당신의 소명이 잘 보이지 않을 수 있다. 어떤 때는 외부의 계시가 있어야 하는데 그런 일은 종종 실패를 통해 찾아온다.

매트 맥윌리엄스가 내게 들려주던 그의 이야기 속에서 나 자신의 여정이 조각조각 들려왔다. 비영리단체에서 일하던 7년과 그전에 한 해 동안 여행하던 일이 떠올랐다. 내 자리를 찾았다고 느껴진 적은 없었지만 내가 어딘가로 향하고 있다는 느낌만은 떨칠 수 없었다. 대화를 마칠 때쯤 우리는 둘 다 뭔가를 배웠다. 자신의 목적으로부터 가장 멀리 있다고 느껴질 때 사실 우리는 이미 길 위에 올라 바른 방향으로 가고 있다. 실패와 혼란 속에서 다 잃은 것 같고 당장 포기하고 싶을 때 당신은 자신의 숙명에 생각보다 가까이 있다. 회전축의 메시지는 지금 실패처럼 보이는 것이 사실은 미래를 위한 준비라는 것이다. 끝까지 포기하지 않는 한 그렇다.

그렇다면 실패의 계절은 평생의 실패와 어떻게 다른가?

첫째 고생을 배움의 기회로 보려는 자세가 필요하다. 의지적으로 실패를 뚫고 나가야 한다. 둘째 엉뚱한 일에 성공하지 않도록 조심해야 한다. 열정의 대상에 주의하고 성공의 유혹을 경계해야 한다. 뭔가를 잘하는 것으론 부족하다. 당신의 천직에 집중해야 한다. 또한, 소명에 대한 당신의 이해가 시간이 가면서 바뀔 수 있음을 알아야 한다. 그러므로 도중에 회전축을 더 많이 활용할 각오를 해야 한다.

테레사 수녀도 따로 사역을 시작할 때 그것을 배웠다. 수녀와 학교 교사로 20년을 지낸 후 그녀는 위기를 맞이해 모든 것을 다시 평가해야 했다. 기차를 타고 가던 중에 불현듯 빈민을 섬겨야 한다는 부담이 찾아왔다. 가난한 이들에게 그냥 베푸는 정도가 아니라 그들과 동화해 공동체의 일원이 되어야 했다. 그녀는 수녀복을 인도의 전통의상인 사리로 갈아입고 "자비의 선교회"를 세웠다. 그 사명에 주력하는 새로운 수도회였다. 과감한 조치였고 현실화되기까지 몇 년간의 분별을 거쳐야 했다. 하지만 그녀가 확신했던 비전이고 피할 수 없는 일이었다. 그 감화의 순간을 그녀는 "소명 속의 소명"이라 표현했다. 당신의 천직이 진화할 수 있다는 뜻이다.[9]

삶의 이른 시점에 우리는 어느 특정한 길에 들어선다. 삶이 계속되면서 자리를 잡고 자녀를 낳으면 어쩌면 우리는 좀 더 지혜로워져 이전의 동기와 행동에 의문을 품게 된다. 과거의 자신이 그냥 어리석거나 이상주의적이지 않았는지 의아해진다. 이제 우리는 세계관이 더 깊어져 무엇이든 더 명확히 볼 수 있다. 성숙해진 것이다. 간혹 안일에 빠질 수도 있지만, 삶이 안정되고 내리는 결정도 더 좋아진다. 우리가 계속 성장할수록 소명에 대한 이해도 자라가고 넓어지고 심지어 변화하는 건 당연한 일이다.

소명은 단지 순간이 아니라 생활방식이며, 더 큰 목적에 끊임없이 순복하는 발전 과정이다. 속삭임이었든 굉음이었든 당신이 처음 부름받을 때 들은 것은 전체 그림의 일부에 지나지 않는다. 더 큰 무엇의 그림자였을 뿐이다. 평생의 일을 향해 나아가면서 당신은 그런 인식을 심화시켜야 한다. 표지판을 찾아 이해를 넓혀 나가는 한편, 기회 있는 대로 도중에 방향을 바꾸어야 한다.

이것은 기쁜 소식이다. 왜냐하면, 실패해도 괜찮다는 뜻이기 때문이다. 우리는 과녁을 놓치고도 코스에서 완전히 벗어나지 않을 수 있다. 방향을 바꾸고, 새로운 일을 시도하고, 가면서 배울 수 있다. 평생의 일은 단일한 사건이 아니라 끊임없이 완성해 가는 과정이다. 당신의 열정을 실행에 옮길 새로운 길을 찾는 과정이다. 그러려면 매번 회전축을 활용해야 한다.

얼마 전에 나는 친구 조나단(Jonathan)에게 전화해 조언을 구했다. 그가 여러 해 동안 꿈꾸던 출판사를 차렸기에 그 경위를 좀 더 알고 싶었다. 꿈을 실행에 옮기도록 조나단의 시각을 바꾸어 놓은 것은 무엇일까? 그는 처음에는 말하기를 꺼렸으나 내가 자꾸 조르자 결국 승복했다. 달라진 건 짤막한 말 한마디였다. 그 뒤로 모든 것이 달라졌다. 모두가 그 작지만 중요한 어휘의 교체 덕분이었다.

조나단과 친구들은 매주 모여 식탁에 둘러앉아 저녁을 함께 먹으며 각자의 희망과 꿈을 나누었다. 평생의 일로 장차 무엇을 할지에 대한 대화였다.

그의 회고를 들어보자.

"그날도 우리는 식탁에 둘러앉아 평소처럼 대화를 나누고 있었어. 장차 꿈이 실현되면 우리 삶이 어떻게 될까 생각했지. 환경만 달라진다면 말이야. 그때 누군가가 큰 소리로 말했어. '가상의 상황에 대한 이야기는 그만하고 지금부터 실제로 해보면 어떨까?'"

그게 조나단을 바꾸어 놓았다. 그 요긴한 도전 덕분에 그는 꿈의 실천에 나섰다. "그렇게만 된다면"을 "해보자"로 바꾸었다. 꿈을 버리고 대신 실행가가 된 것이다. 전화 통화 중에도 뭔가 변화가 느껴졌다. 그는 새 사람이 되어 있었다. 작은 변화였고 사소한 회전축이었지만, 그것 때문에 모든 것이 달라졌다.

교훈은 분명하다. 우리는 더 나은 삶을 꿈꾸며 세월을 허송할 수도 있고, 혼란스럽더라도 오늘부터 시작할 수도 있다. 당신만 소명을 기다리는 게 아니라 소명도 당신을 기다리고 있다. 당신은 녹초가 될 때까지 가상의 게임을 즐기며 빈둥거릴 수도 있고, 모든 것을 바꾸어 놓는 그 한 단어를 써서 "해보자"고 말할 수도 있다.

페드로 칼데론 데 라 바르카(Pedro Calderon de la Barca)의 스페인 희곡인 「인생은 꿈입니다」(지만지 역간)에 보면 거의 한평생을 탑에 갇혀 살아온 주인공 세히스문도가 인생이란 한낱 꿈일 뿐이라고 독백하는 장면이 나온다. "인생이란 무엇인가? 허구의 이야기다. 인생이란 무엇인가? 극도의 광란이요 환상의 그림자다. 최고의 선(善)도 시시할 뿐이다. 모든 인생은 꿈이며 그 꿈조차도 꿈이다."[10]

심오하고 시적인 독백으로 이 희곡에서 가장 유명하긴 하지만 사람을 약간 우울하게 만든다. 세히스문도의 말인즉, 인생 자체도 환상이고 우리가 안다고 생각하는 내용도 망상이라는 것이다. 불행히도 많은 사람이 인생을 그렇게 살아간다. 그들은 소명을 무산된 꿈 정도로 치부하며 자신의 열정을 낭비하고, 세상에 선물로 내주어야 할 자신의 실행을 활용하지 않고 묻어버린다. 인생이 끝나서 자신의 이야기가 영원 속으로 사라질 때 그들은 이런 의문에 잠길 것이다.

"과연 가치 있는 삶이었을까? 내가 해야 할 일을 다 했는가? 아니면 나는 안전한 길을 택했는가?"

죽음을 눈앞에 두면 삶이 더없이 또렷하게 보인다. 자신의 인생을 어떻게 보냈는지, 누구나 그 사실에 마주 서야 한다. 행동할 기회가 있었는데 행동하지 않았던 때를 특히 빼놓을 수 없다. 나는 임종의 그날을 생각하면 제일 두려운 게 있다. 나의 잠재력을 충분히 발휘하지 않았던 때가 많았는데 거기에 대해 뭐라고 답할 것인가? 왜 나의 소명을 더 온전히 받아들이지 않았는가? 이유가 무엇인가? 나는 두려워서 그랬다.

두려움. 우리는 누구나 두려움을 느낀다. 두려움은 가장 용감한 사람까지도 괴롭히는 위력이 있다. 그렇다면 두려움을 어찌할 것인가? 실패는 불가피하지만, 실패가 정당한 걸림돌은 아니다. 그것을 알기에 우리는 버텨야 한다. 비록 때로 방향이 다를지라도 계속 전진해야 한다.

당신의 이야기는 여기서부터 중요해진다. 그동안 습득한 재능과 기술로 변화를 낳기 시작할 때부터 말이다. 여기서 생각과 실행이 만나고, 여기서 우리는 꿈꾸기를 그만두고 삶을 시작한다. 이 실행의 자리에는 긴장이 있고 모험이 불가피하다. 하지만 보상이 크다. 우리가 이 순간에 하는 일은 영원히 남는다. 당신이 후손에게 남기는 것은 임종의 자리에서 내리는 결정이 아니라 현재의 주어진 자원으로 지금 내리는 선택이다.

물론 다른 대안도 있다. 우리는 이 모든 것에서 냉소적으로 손을 뗄 수 있다. 열정을 추구하는 과정을 웃기는 짓으로 여길 수 있다. 세히스문도처럼 무엇이 현실인지조차 모를 정도로 혼자만의 꿈의 세계에 완전히 함몰될 수도 있다. 분명히 그것도 한 대안이다. 하지만 문제는 이상(理想)을 통해서는 누구도 변화될 수 없다는 것이다. 꿈은 아무것도 뒤흔들지 못한다. 당신의 생각이 아무리 훌륭해도 세상은 변하지 않는다. 진정한 변화가 일어나려면 행동을 취해야만 한다. 내 말을 오해하지는 마라. 꿈은 변화의 동력이며 위력이 있다. 하지만 꿈 자체는 무용지물이다. 커피숍을 들락거리며 장차 작가나 활동가나 기업가가 되겠다고 떠드는 거야말로 당신이 할 수 있는 최악의 일이다. 그것은 일처럼 느껴지지만, 오히려 당신의 꿈을 실현하는 진짜 일에 해가 된다.

그러면 어찌할 것인가? 말은 그만하고 행동을 개시하라. 작가가 되기를 꿈꾸지 말고 글쓰기를 시작하라. 활동가가 되기를 꿈꾸지 말고 가서 뭔가에 착수하라. 기업가가 되기를 꿈꾸지 말고 뭔가를 출범하라.

최근 조나단과 근황을 나누었다. 그는 출판사를 차려 몇 년 운영했으나 삶이 지속되면서 열정이 그를 새로운 방향으로 이끌었다. 그래서 출판사업을 접고 다른 일을 시작했다. 뒤돌아 보니 출판사는 전체 여정의 또 다른 한걸음일 뿐이었다. 애초에 사업을 시작하지 않았더라면 그는 결코 지금의 자리에 이르지 못했을 것이다. 중요한 것은 그가 성공했다는 게 아니다. 본인도 출판사로는 아무래도 성공하지 못했다고 말할 것이다. 중요한 것은 그가 시도했다는 것이다. 그는 꿈에 갇혀 있지 않고 실행의 자세를 취했다. 어쨌든 그렇게 시도하지 않는다면, 삶이 당신이 원하는 삶의 값싼 모조품이고 제자리걸음에 그칠지도 모른다. 그 자리에 가로막혀 있을 게 아니라 당신도 조나단처럼 회전축을 활용해 방향을 바꾸면 어떨까? 그러면 새로 나타나는 기회에 놀랄지도 모른다.

실패에 숨어 있는 메시지

회전축이라고 결말이 항상 좋은 것은 아니다. 1939년 독일의 목사 디트리히 본회피(Dietrich Bonhoeffer)는 미국행 배에 올랐다. 이 여행은 그의 인생에 일생일대의 일대 전환점을 불러왔다. 한쪽으로 가면 죽을 게 거의 확실했고 다른 쪽으로 가면 양심에 타협해야 했다.

그로부터 1년 전 그는 매형의 도움으로 독일 레지스탕스 회원들을 만났다. 이 지하 조직의 주요 목표는 히틀러를 축출할 군 주도의 쿠데타를 위한 지원 세력을 결집하는 것이었다. 이 모임에서 본회퍼는 세상에 전쟁이 임박했음과 독일 총통이 세간의 인식보다 위험한 존재임을 알게 되었다.

본회퍼는 평소 나치를 공공연히 비판한 골수 반전주의자였으므로 직접 군에 입대할 일은 없었다. 하지만 자신이 입대하지 않으면 교회의 처지가 난처해질 수 있음을 알았다. 그것이 공식 입장으로 비칠 것이기 때문이었다. 이러지도 저러지도 못하던 차에 그는 뉴욕에 있는 유니언 신학대학원의 초청으로 미국으로 떠났다.

도착한 지 얼마 안 되어 그는 그 결정을 후회했다. 주변 사람들은 그가 처한 위험과 닥쳐올 곤란한 상황을 알고 그에게 미국에 남아 있을 것을 권했다. 그러나 그는 거절했다.[11]

친구 라인홀드 니버(Reinhold Niebuhr)에게 보낸 편지에 본회퍼는 미국에 남으면 목숨을 건지겠지만, 독일로 돌아가면 죽임을 당할 수도 있는 양자택일의 상황을 언급하며 이렇게 썼다.

"나는 어느 쪽을 택해야 할지를 잘 알고 있습니다. 하지만 내가 이곳에서 안정된 삶을 산다면, 내가 원하는 쪽을 선택할 수 없을 것입니다."[12]

그는 독일로 돌아가 결국 고문과 구금을 거쳐 히틀러 암살 음모죄로 처형되었다. 미군이 입성해 수용소를 해방시키기 불과 두 주 전에 플로센부르크 강제수용소에서 교수형에 처해졌다.[13]

본회퍼가 뉴욕에서 내린 결정은 성공으로 이어지지 않았다. 그를 부유하거나 유명하게 만들어 주지 않았다. 하지만 그것은 그가 내릴 수 있는 유일한 결정이었다. 양심에 부합한 결정이었고 인생의 일대 전환점이었다. 그 하나의 결정으로 그는 목숨을 잃었다. 그로부터 몇 년 전 한 편지에 그는 이렇게 썼다.

"나의 소명은 아주 분명합니다. 하나님이 이루시려는 일이 무엇인지는 모르지만 나는 이 길을 따라야 합니다. 길이 별로 길지 않을지도 모르겠습니다."[14]

때로 소명은 더 안락한 삶의 수단이 아니다. 때로 우리가 회전하는 방향은 일신의 성공 쪽이 아니라 더 큰 고통 쪽이다. 하지만 중요한 것은 소명이 언제나 당신을 의미 있는 삶, 스스로 자랑스러울 만한 삶으로 인도한다는 것이다. 단 거기에 도달하는 방식은 우리의 소관이 아닐 때도 있다. 그 길에는 때로 큰 대가와 심지어 죽음이 따를 수도 있다. 하지만 그 길의 끝에는 돈으로 살 수 없는 상과 세상이 잊지 못할 유산이 있다.

"내 평생에 일어난 두 번째 최고의 일이었습니다."

매트 맥윌리엄스는 친구들에게 처음 해고당했던 때를 가리켜 내게 그렇게 말했다. 최고의 일은 그들이 그를 다시 해고했을 때였다. 덕분에 그는 뜻밖의 반전으로 가득한 여정에 올라 평생의 일을 발견했다. 때로 힘들고 괴로웠지만, 고통이 아깝지 않을 만큼 보상을 얻었다.

발견의 순간들을 파악하라.

당신에게 모호했던 것이 다른 사람에게는 밝히 보인 적이 있는가?

그 내용을 기록하고 친구와 나누라.

당신에게는 보이지 않는데 남들에게는 보이는 당신의 모습은 무엇인가?

연습을 좀 더 확장해 당신을 잘 아는 사람 다섯 명에게 이메일을 보내

당신에 대해 말해 달라고 하라.

자신에 대해 몰랐던 부분을 보며 깜짝 놀랄 수도 있다.

발견의 과정과 도약의 시점에 대한 더 자세한 내용은 artofworkbook.com/leap를 참조하기 바란다.

매트 맥윌리엄스의 이야기는 실패가 늘 적군만은 아니고 우리를 평생의 일에 더 가까워지게 해주는 아군일 수도 있음을 예시해 준다. 처음에 실패처럼 보이던 일이 오히려 당신의 성공에 꼭 필요했던 적이 있는가? 현재 당신이 실패하고 있는 것처럼 느껴지는 부분은 무엇인가? 그것이 당신의 소명에 대해 말해 주는 게 있다면 무엇인가?

포트폴리오 인생을 꿈꾸라

06

"인생 전체를 아우르는 포트폴리오를 만들어 가라"

미래는 더 많은 기술을 배워 그것을 창의적으로 결합하는 자들의 것이다.

—로버트 그린 (Robert Greene)

숙련

기존 생각

흔히 "당연히 천직은 한 가지다. 평생 그 한 가지 일에 매진하는 것이 올바른 천직이다. 그 한 가지 일을 할 때 사람은 가장 효과적으로 일할 수 있고 그 일이 그 사람의 소명을 드러내 준다"고 말한다.

소명은 딱 한 가지가 아니라 여러 가지다. 당신의 직업만이 아니라 당신의 인생 전체를 아우르는 포트폴리오다.

당신의 소명은 딱 한 가지가 아니라 여러 가지다.
비결은 팔방미인이 되는 게 아니라 그 몇 가지를 숙련하는 것이다.

조디 마베리(Jody Mabbery)는 대학에서 재무와 마케팅을 전공했다. 빨리 학교를 떠나 직업의 세계로 들어가고 싶었다. 날마다 정장을 입을 그날을 고대했다. 그런데 일리노이 주립대학 졸업반 때 야외 탐험 프로그램을 새로 접했다. 그는 여러 과목을 들으며 단체로 답사를 다녔다. 특히 옐로스톤 국립공원은 그에게 강한 인상을 남겼다. 그는 이렇게 회고했다.

"옐로스톤이 얼마나 추워질 수 있는지 알아내지 못했습니다. 내 온도계가 영하 29℃에서 깨져 버렸거든요. 안타깝고도 신기했습니다. 돌아오고 나서도 온통 그 생각뿐이었습니다."[1]

대학을 졸업한 후 조디는 여행을 떠났다. 자신이 평생 일리노이주 한복판에 거주하며 일할 줄로만 알았는데, 그런 그가 옐로스톤 사건과 그 여파 때문에 세상에 무엇이 더 있는지 알아보기로 했다. 석 달 동안 텐트 생활을 하며 미국 서부를 탐험하다가 워싱턴주에 이르렀다. 거기서 그는 우리를 평생의 삶으로 부르는 것이 목소리만은 아님을 깨달았다. 장소가 부를 때도 있다. "디셉션패스 주립공원에서 물속에 돌을 던지다가 깨달았습니다. 다시는 집으로 돌아갈 수 없다는 것을요." 그는 내게 보낸 이메일에 그렇게 썼다.

몇 주 후 집으로 돌아왔다. 그런데 여행 중 들었던 마음은 좀처럼 가시지 않았다. 희한하게 그 경험이 그를 놓아주지 않았다. 한 달도 못 되어 그는 자신의 짐을 몽땅 차에 싣고 다시 길을 떠났다. 두 주 후 워싱턴 주에 도착했다. 직장도 없고 친구도 없고 돈이라곤 주머니에 달랑 3백 달러뿐이었다.

그 뒤로 결혼해 4년 동안 시중은행에서 재무 분석가로 일했다. 그는 "내 전공에 딱 맞는 직업이었고 당연한 직업이었지요"라고 설명했다. 그런데 속으로는 그것이 자신의 천직이 아님을 알았다. 그 이상에 대한 은밀한 갈망이 있었다. 다행히 긴 여름날이면 서부로 온 진짜 목적을 수행할 수 있었다. 디셉션패스 주립공원의 온갖 울창한 산책로와 숨은 보물을 탐험하고 다녔다.

그는 아내 레베카(Rebecca)와 함께 집을 짓고 점차 결혼생활에 정착했다. 조디는 은행에 다녔고 아내는 학교 교사였다. 그런데 새집으로 이사하던 날, 도와주러 왔던 친구가 한 말이 모든 것을 바꾸어 놓았다. 그녀의 직장인 워싱턴 주립공원 관리공단에서 공원 관리인을 모집한다는 것이었다. 조디는 "새집에 첫 짐 상자를 들여놓기도 전에 내 마음은 이미 정해졌습니다. 공원 관리인이 되기로 했습니다"라고 말했다.

재무 분석가가 공원 관리인의 자격 요건을 갖추고 있었을 리 만무하다. 그래서 관리인이 되기로 한 뒤로 조디는 꼬박 1년 동안 낮에는 은행에서 일하고 밤에는 학교에 다녔다. 직장에는 12개월 후 그 꿈이 실현되었을 때 비로소 알렸다.

"양복과 넥타이를 배지와 밀짚모자로 바꾸었습니다." 그는 그렇게 회상했다.

한 해 동안 조디는 스포캔에서 일하며 아내와 주말 부부로 지냈다. 떨어져 산 지 1년 만에 집을 팔고 아내도 그쪽으로 왔다. 마침 그 전환기에 아내의 임신 사실도 밝혀졌는데, 공원 관리인으로 살려는 그의 꿈에 이 작은 소식이 앞으로 어떤 영향을 미칠지 그는 까맣게 몰랐다.

당신의 하루는 어땠는가?

지난주 나는 외국에 나가 있었고, 며칠 후면 샌프란시스코에 있을 것이다. 하지만 지금은 내슈빌의 집을 마음껏 누리고 있다. 이곳은 내가 1년 동안 뮤지션으로서 순회한 후 이사 온 도시다. 날마다 나는 아기 모니터에서 들려오는 두 살 난 아들의 소리에 잠을 깬다. 에이든은 울면서 깨는 날도 있지만, 오늘은 쉬지 않고 재잘거린다.

아들을 아기 침대에서 꺼내 안고 아래층으로 내려가 아침 식사를 준비한다. 오늘 우리의 메뉴는 햄과 치즈를 넣은 오믈렛이다. 아침을 먹은 뒤 한 시간 정도 아기와 놀고 있으면 아내가 내려와 넘겨받는다. 나는 커피를 끓이고 샤워한 뒤 출근한다. 사무실이 있는 시내까지는 차로 2분밖에 걸리지 않는다. 아침 10시 노트북컴퓨터를 켜서 한 시간 동안 이메일을 확인한 뒤 휴대전화로 몇 군데 전화를 건다.

정오쯤 친구를 만나 점심을 먹으면서 삶과 사업과 아빠 노릇에 대해 담소를 나눈다.

한 시간이 지나면 사무실로 돌아가 글을 조금 쓴다. 새로 집필 중인 책을 반 장 정도 가까스로 채워 넣고, 주말로 예정된 블로그 게시물도 서둘러 작성한다. 생산성이 오른 김에 사업과 관련된 다른 업무도 처리한다. 나머지 오후는 임박한 강연 행사를 준비하느라 바쁘고, 소프트웨어 개발로 나를 돕고 있는 웹디자이너와 이런저런 문자 메시지도 주고받는다.

이것이 나의 "정상" 근무일이다. 하루하루가 독특하며 그 나름의 색다른 리듬과 일정으로 채워진다. 솔직히 나는 이런 방식이 좋다. 하지만 누군가가 내 직업이 뭐냐고 물어 오면 그때는 곤란해진다. 일단 "작가"라고 대답한다. 그런데 시간의 대부분을 책을 쓰는 데 들이는 건 아니라고 말하면 사람들은 나를 이상하게 쳐다본다. 그래서 더 설명이 필요해진다. "강사"라고 덧붙이면 그들은 내가 출장을 자주 다니거나 수입의 대부분을 사례비로 버는 줄로 생각한다. 하지만 그 또한 사실은 아니다.

온라인으로 제품을 파는 웹사이트를 운영하고 있으나 그렇다고 정식 사업가는 아니라고 말할 수도 있다. 가구점과 식당 등을 운영하는 내 친구들은 직원도 있고 점포도 있지만, 내 사업은 달랑 나 혼자뿐이다. 요컨대 나는 집필과 강연 외에도 가족을 부양할 방법을 궁리한다. 그게 내가 하는 일이다.

정말 나는 여러 가지 일을 한다. 그 모두가 나름대로 나의 일부다. 각각의 업무를 하나의 직업명에 꿰맞추기는 어렵다. 하지만 그게 내가 하는 일인 것만은 분명하다. 이런 생활방식을 지칭하는 용어가 있다고 배웠다.

"그것을 가리켜 포트폴리오 인생이라고 한다네." 내 친구 키스(Keith)가 말했다.

"뭐라고?" 내가 되물었다.

"포트폴리오 인생이라니까. 자네가 단지 작가나 남편이나 아빠가 아니라 그 전부라는 뜻이지. 그러니 자네도 그것을 받아들여야 하네."

"흠, 멋있군." 내가 말했다.

친구 중에 작가가 있는데 얼마 전 함께 점심을 먹었다. 바람이 차던 겨울날 우리는 몸을 녹이려 자꾸 입안에 국물을 떠 넣었다. 그러다 용기를 내서 물었다.

"이보게, 늘 묻고 싶은 게 있었는데 좀 사적인 일이라서 어떨지 모르겠네." 그는 아무 말 없이 나를 보기만 했다. 내가 물었다.

"그러니까, 그게 말이야, 자네는 어떻게 먹고살지? 인세만으로 가능한가? 별로 큰돈은 아닐 텐데?"

그는 몇 년에 한 권씩 신간을 내고 있었다. 하지만 출판사에서 인세를 지급하는 주기가 뜸해 그 돈으로는 생활이 어려웠을 것이다.

"강연이라도 하는가?" 내가 물었다. 나 또한 수입원이 될까 싶어 강연을 해보았으나 실망한 터였다.

친구는 점잖게 미소를 지었다.

"맞네, 그 둘로도 돈을 조금씩 벌지." 그러더니 일부러 씩 웃으며 마치 누가 듣는지 살피기라도 하듯 주위를 둘러보고는 몸을 내 쪽으로 기울여 작은 소리로 말했다.

"솔직히 나는 그 둘이 다 없어져도 괜찮다네."

"뭐라고? 어떻게?"

그가 다시 미소를 지으며 말했다.

"그건 말이야, 자네 이 말을 되받아서 따라 하면 안 되네." 나는 그가 마약 밀매단의 일원임을 고백한 뒤 나까지 거기에 끌어들이려는 줄 알았다.

"사실 내가 거물급 지도자 몇 사람에게 고문 겸 코치 겸 멘토 노릇을 하고 있거든."

"그렇군." 그렇게 대답하면서 나는 그 거물들이 누구일지 상상해 보았다. 혹시 조지 W. 부시(George W. Bush)일까? 아니면 조지 클루니(George Clooney)일까? 그렇다면 정말 대단할 것이다.

요지는 내 친구가 포트폴리오 인생을 살고 있었다는 점이다. 그 대화에서 내가 배운 점도 그것이다. 그가 그렇게 산 이유는 금전적 필요성 때문만이 아니라 거기서 가장 큰 만족을 얻었기 때문이다. 내가 아는 대부분 작가들은 포트폴리오 인생을 살고 있다. 그래픽 디자이너나 건축업 종사자나 자영업자도 마찬가지다. 나아가 일의 포트폴리오를 통해 자신의 소명을 발견한 사람들을 놀랍도록 많이 만났다. 그들은 한 가지 일만 한 게 아니라 다양한 활동을 받아들였고 이로써 완성된 정체성을 발견하였다. 그게 요즘 세상이 일하는 방식이다. 그리고 아마도 앞으로 일하는 방식이 될지도 모른다.

포트폴리오의 관점

2020년이 되면 프리랜서가 미국 노동 인구의 40~50%를 차지하고 2030년에는 절반을 넘을 것이다.[2] 그중에는 경기 불황에 따른 대량 해고 때문에 어쩔 수 없이 자영업에 들어서는 사람들도 있지만, 나처럼 일부러 그 길을 택하는 사람들도 있다. 도대체 그 이유가 무엇일까?

인간은 한 가지 일만 하도록 프로그램화된 로봇이 아니다. 우리는 다양한 관심사를 지닌 다면적 존재다. 천직이 하나뿐이라고 믿고 싶거나 직업이 하나뿐인 게 편할 수 있으나 사실 우리 대부분은 본래 몇 가지의 활동을 잘하게 되어 있다. 그것이 다 합해지면 가장 큰 만족을 느끼며 최고의 역량을 발휘하게 된다.

통계 수치는 분명하며 포트폴리오 인생은 불가피하다. 그렇다면 도전은 그런 삶을 가꾸어야 할지가 아니라 시점이다. 우리는 많은 관심사와 온갖 열정으로 가득한 복합적 존재다. 그 모두를 어찌할 것인가? 생업이 곧 인간의 정체는 아니지만 그래도 우리 인생은 자신이 하는 일들로 이루어진다. 그러니 이 복합성을 어떻게 살려낼 것인가? 자신의 소명으로 생계가 해결되지 않는다면 어찌할 것인가? 추구를 포기할 것인가? 청빈을 서원할 것인가? 아니면 다른 길이 있는가?

포트폴리오 인생의 기본 개념은 직업을 단일한 활동으로 보는 게 아니라 사실 그대로 복합적 관심사와 열정과 활동의 집합체로 보는 것이다. 하나의 직무에서 정체감을 얻는 게 아니라 자신이 하는 복수의 직무 전체를 하나의 포트폴리오 활동으로 보는 것이다.

이 개념은 찰스 핸디(Charles Handy)의 「비이성의 시대」(21세기북스 역간)에 처음 등장했다.[3] 그 책에서 그는 당신의 포트폴리오를 구성하는 일을 정규직, 계약직, 가사, 학업, 기부 노동 등 다섯 가지로 제시했다.

유급 노동은 계약직과 정규직뿐이며 그 의미는 자명하다. 계약직은 시간제로 돈을 받고 정규직은 직무에 따른 고정 수입이 있다. 하지만 무급 노동도 유급 노동과 똑같이 중요하다. 종류가 다를 뿐이다.

가사는 잔디를 깎거나 가족과 함께 시간을 보내는 등 집에서 하는 일이다. 학업은 장래의 직업에 도움이 될 모든 의도적 교육으로 예컨대 독서나 직업 훈련 등이 있다. 기부 노동은 모든 자원봉사를 가리킨다. 주변의 노숙인 보호소에 시간을 할애하는 것은 물론이고 누군가와 점심을 함께하며

직업에 대한 유익한 조언을 베푸는 것도 이에 해당한다.[4]

핸디는 소위 "포트폴리오 인간"에게 주당 시간 수가 아니라 연간 일수를 기준으로 시간을 관리할 것을 권한다. 예컨대 필요한 연 수입이 5,000만 원인데 하루 25만 원을 버는 길을 찾아낼 수 있다면 당신은 1년에 200일만 일하면 된다. 남은 165일은 나머지 포트폴리오에 쓸 수 있다. 이는 비전통적인 직업을 관리하는 유용한 방법이며, 당신의 소명도 처음 몇 년 동안은 비전통적일 소지가 크다. 그렇다면 이 개념을 일에만 아니라 당신의 삶 전체에 적용하면 어떨까?

앞서 말했듯이 소명이란 직업 이상이며 삶의 목적과 방향이다. 따라서 당신의 일에만 적용되는 게 아니라 당신이라는 사람 자체가 곧 소명이다. 그러므로 이제 당신의 인생이라는 포트폴리오를 구성하는 네 가지 영역을 살펴보자.

❶ 노동

당신이 한 번쯤 직시해야 할 사실이 있다. 평생에 걸쳐 당신은 여러 가지 다른 일을 할 것이다. 직장은 있다가도 없어지고 직업은 당신의 생각만큼 오래가지 않는다. 하지만 그 모든 경험을 통해 당신은 성장한다. 모든 새로운 경험은 전체 포트폴리오에 이바지한다. 고등학교나 대학교를 졸업한 뒤 취직해 평생 한 직장에 다니다가 은퇴하고 연금을 받던 시대는 사라진 지 오래다.

많은 경우 우리의 현 직장은 앞으로 5년 후면 없어질 것이다. 합병되거나 파산하거나 변신할 것이다. 그게 요즘 세상이 일하는 방식이다. 포트폴리오 사고방식이 있으면 더 다방면에 능한 사람이 되어 이런 신경제(新經濟) 속에서 성공의 기반을 다질 수 있다.

❷ 가정

솔직히 노동이 인생의 전부는 아니며 이는 다행한 일이다. 많은 사람이 노동의 가치를 떨어뜨렸지만, 이 책에 쭉 살펴보았듯이 노동은 그보다 중요하다. 당신의 직업은 그저 고역이 아니라 소명이다. 그렇게 볼 마음만 있다면 고귀한 천직이다. 하지만 그럼에도 노동이 우리 삶의 이야기의 전부는 아니다. 우리는 복합적 존재이고 사회적 동물이다. 우리가 인생을 투자하는 방식은 각자가 몸담은 직장을 초월한다. 나도 경험을 통해 그것을 거듭 배웠다.

결혼할 때 아내 애슐리(Ashley)는 내 최고의 팬이 되어 주기로 서약했다. 그때는 그 말이 정확히 무슨 뜻인지 둘 다 몰랐다. 하지만 세월이 흘러 내가 책도 출간하고 혼자 사업에 뛰어든 지금 와서 돌아보면, 전체 과정의 걸음마다 아내가 내게 얼마나 큰 힘이 되어 주었는지 보인다. 이보다 더 좋은 팬을 구할 수는 없었을 것이다.

곁을 지켜 주는 아내 덕분에 배운 사실이 있다. 꿈이 아무리 중요해도 혼자만의 꿈은 환상과 망상에 불과하다는 것이다. 천직의 여정이 가치 있음은 당신의 열정을 공유할 대상이 있기 때문이다. 작가인 내 경우 이 일을 응원해 줄 사람이 없다면 내가 쓰는 글은 금방 무의미해진다.

❸ 놀이

나는 취미라는 말을 좋아하지 않는다. 내가 보기에 취미에는 도무지 우리의 진지한 의지가 들어 있지 않다. 하지만 누구나 수입과 무관하게 순전히 좋아서 하는 활동이 있다. 심리학자들은 그것을 "놀이"라 부른다.

최근 연구자들이 밝혀냈듯이 우리의 전인적 성장에는 그런 활동이 꼭 필요하다. 〈오늘의 심리학〉지의 자유 기고가인 해라 마라노(Hara Marano)는 그것을 이렇게 표현했다. "누구나 동의하겠지만, 놀이는 스트레스를 걷어내고 우리를 재충전시켜 새 힘을 준다. 또한 낙관적 자세를 복원시키고 관점을 바꾸어 주며 창의력을 자극한다. 그러나 놀이의 역할이 그 훨씬 이상이라는 증거도 있다. 사실 놀이야말로 우리 인간성의 지고한 표현인지도 모른다."[5]

하루를 마친 후 당신이 무엇으로 재충전하든 그것은 심심풀이가 아니다. 적어도 심심풀이일 필요가 없다. 그거야말로 당신을 제정신으로 건강하게 지켜 주는 일일 수 있다. 휴식 못지않게 그것도 힘을 더해 줄 수 있다. 음악의 취향, 즐겨 읽는 책의 종류, 심지어 즐겨 먹는 음식도 다 당신이라는 존재와 당신이 창출하는 포트폴리오에 영향을 준다. 그렇게 당신의 소명을 구성한다. 당신의 과거의 경험과 현재의 관심사가 어떻게 함께 춤추어 독특하고 경이로운 뭔가를 창출해 낼지 누가 아는가? 놀이 덕분에 우리의 삶과 일은 재미를 잃지 않을 수 있다.

❹ 목적

당신이 하는 일보다 더 큰 무엇이 있어 그것이 당신의 모든 선택과 모험과 기회의 추구를 이끌어야 한다. 일하는 까닭이 여러모로 여기에 있다. 이것은 당신의 사업체가 수익의 일정 비율을 기부하는 자선단체일 수도 있고, 당신의 가치관을 지배하는 도덕적 소신일 수도 있고, 당신이 부양하는 가족일 수도 있다. 한마디로 일 배후의 일이다. 배후의 목적에 하루 8시간씩 소요되지는 않겠지만, 그것이 없다면 당신의 일 자체는 의미를 잃고 결국 부질없게 된다.

안타깝게도 어떤 사람들은 때가 너무 늦도록 그것을 모른다. 자신의 목적과 그동안 놓쳐 버린 수많은 변화의 기회를 죽음 앞에서야 깨닫는다. 그때는 목적을 알아도 이미 때를 놓쳐 아무 일도 할 수 없으니 얼마나 낭비인가. 반면 소명의 목소리를 듣고 자신의 삶에 예의주시할 마음이 있는 사람들은 그런 목적을 알 수 있다.

찰스 핸디는 어떤 인터뷰에서 이렇게 말했다. "일에 대해 자꾸 투덜거리게 되거나 일이 단조롭고 지루해졌거든 자신에게 물어봐야 합니다. 당신이 속으로 진짜 하고 싶은 일은 무엇입니까? 그 일을 하십시오. 여기서 일단락을 짓고 다시 시작해도 됩니다. 현명한 사람들은 10년마다 다시 시작합니다."[6]

내 경우 소명을 단일한 일로 보지 않고 포트폴리오로 보기로 했더니, 삶이 전보다 더 조화로워졌고 내가 하는 활동들이 더 의미있어졌다. 어쩌면 당신도 그렇게 될 수 있을지 모른다.

숙련의 의미가 아닌 것

이제 포트폴리오의 개념을 알았으니 이 지식을 직업의 여정에 어떻게 적용할까? 소명을 들었다면 거기에 응답하는 것만으론 부족하다. 당신은 천직의 길을 갈 뿐 아니라 그 일을 잘할 책임이 있다.

전자레인지를 사용하고 황금 시간대에 텔레비전을 보며 자란 사람들은 장인의 개념을 상실했다. 탁월하게 일한다는 것을 모른 채 자랐다. 일을 신속하게 처리하기만 하면 그것으로 충분했다. 최대한 저항이 적은 길을 따르려는 세상에서 목표는 탁월성이 아니라 편의성이다. 일을 잘하는 것보다 끝내는 게 더 우선이다. 하지만 신속하고 간편한 일 처리가 관건이 아니라면 어찌할 것인가? 본래 일의 취지가 세상을 이롭게 할 뿐 아니라 일하는 사람 자신을 나아지게 하는 것이라면 어찌할 것인가?

옛날 어느 작가가 아내에게서 이런 선의의 말을 들었다. "사람들이 읽을 수 있는 책을 좀 쓰지 그래요?" 그는 거의 시적인 색다른 이야기들을 썼는데 알아주는 사람들이 별로 없었다. 작가로서 입지를 굳히려 가족을 이끌고 유럽을 전전하는 동안 그는 늘 돈에 쪼들렸다. 설상가상으로 동시대 사람들은 그의 글이 터무니없다 못해 언어도단이며 때로 정도를 벗어난다고 혹평했다. 그런데 이제 아내까지 비판의 대열에 합류한 것이다.

이런 비판이 사람의 영혼을 지치게 할 수 있으나 그는 계속 글을 썼다. 나름대로 소신이 확고했고 언젠가는 사람들이 알아주리라는 것도 알았다. 그에게 중요한 것은 돈이 아니라 장인 정신이었고, 글쓰기라는 업을 존중하며 자신의 본분을 다하는 것이었다. 이 작가가 바로 제임스 조이스(James Joyce)다.

아일랜드에서 성장한 조이스는 대학을 졸업한 뒤 조국을 등졌고, 자신이 받았던 천주교적 교육도 다른 많은 전통과 속박과 함께 그때 버렸다.

그는 전혀 새로운 문체로 탁월한 작가가 되어 사람들이 생각하는 문학의 정의를 바꾸어 놓기로 했다. 그리고 실제로 그렇게 했다. 동료들의 회의적 시각과 아내의 선의의 타박에도 불구하고 소신껏 글을 썼던 조이스는, 사후 58년이 지난 1999년 〈타임〉지를 통해 20세기를 살았던 가장 영향력 있는 인물 중 한 명으로 선정되었다.

세상이 공모해 나를 대적하는 것 같고 주변 모든 사람이 나를 실패자라 부를 때도 진정한 장인은 계속 전진한다. 남들이 알아주지 않을 때도 장인은 자신의 충절이 대중에 영합하는 것보다 더 고귀한 소명임을 안다. 조이스는 세상에 유례가 없었던 일을 하고자 열정을 쏟았다. 이런 헌신에서 우리가 배우는 교훈은, 당장 시의성이 없어 보이는 일도 나중에 귀한 유산이 될 수 있다는 것이다. 하지만 일을 지속하려면 열정만으로 부족하다. 진정한 숙련의 관건은 탁월함이다. 즉 남들이 가능하거나 심지어 현명하다고 여기는 일의 한계를 뛰어넘는 것이다. 매사추세츠 공과대학교 교수인 피터 센게(Peter Senge)가 말하는 숙련이란 "실력과 기술을 초월하며 자신의 삶을 하나의 창작품으로 보고 접근한다는 뜻이다."[7]

숙련의 관건은 전 과목 A학점이나 사내 최고 연봉이 아니다. 자기 분야에서 가장 인기가 좋은 것도 아니다. 숙련의 관건은 자신의 잠재력을 깨닫고 삶을 바쳐 그 이상(理想)을 추구하는 것이다. 절대적으로 최선을 다하는 것이다. 왜 그런가? 당신의 업이 그만한 가치가 있기 때문이다. 소명이 그것을 요구하기 때문이며, 어쩌면 이를 통해 당신이 더 나은 사람이 될 것이기 때문이다. 그것이 노동이 우리 삶에서 하는 역할이다. 노동은 단지 생계 수단이 아니라 우리를 본연의 존재가 되게 해주는 도구다.

흔히 그렇게 생각하지 않지만, 우리가 하는 일은 우리의 됨됨이에 영향을 미친다. 대개 직장은 그저 직장일 뿐이므로 자칫 우리의 활동이 우리의 정체에 영향을 미치지 않는다고 생각하기 쉽다. 물론 당신의 일이 곧 당신 자신은 아니다. 하지만 당신은 자신이 연습하는 일처럼 될 수 있다. 지금 당신은 자신이 싫어하는 그 직장에서 무엇이 되고자 연습하고 있는가? 과정을 무시한 채 결과에 매달리면서 말이다. 이제 숙련에 대한 좀 더 현대적인 이해를 되찾아야 할 때다.

—ⵜ—

예술가의 평균치 수입밖에 올리지 못하던 어느 음악가가 성공해 업계에서 보기 드물게 매년 1백만 달러를 벌고 있다. 내가 어떻게 된 일이냐고 물었더니 그의 대답이 놀라웠다. 그가 히트곡을 썼거나 그의 음악이 전파를 많이 탄 것일까? 급상승한 그 성공의 비결은 무엇일까?

"유명해지려고 하던 걸 그만두었습니다." 그가 내게 한 말이다.

"뭐라고요? 그게 다입니까?" 내가 말했다. 이해가 가지 않았다. 음악가란 유명해야 하는 것 아닌가? 예술을 직업으로 삼는 취지 자체가 그게 아닌가? 자신의 존재를 대중이 알아야 하지 않는가? 아마 아닌 모양이었다. 사실 나의 새 친구인 그에게는 명성은 동지가 아니라 훼방꾼이었다.

"맞습니다. 유명해지려고 하던 걸 그만두고 대신 성공에 초점을 맞추었습니다." 그가 내답했다.

나는 성공이라는 단어가 그에게 무슨 뜻인지 물었다. 또 그의 생각에 음악가라면 누구나 돈을 추구하거나 백만장자가 되어야 하느냐고 물었다.

"물론 아니지요." 그가 말했다.

"성공의 관건은 돈이 아니라 목표를 정한 뒤 그 목표를 그대로 성취하는 것입니다."

이 백만장자 음악가도 한때는 명성이 성공을 가져다주리라 믿었지만 실망했다. 유명해지기만 하면 가족도 부양할 수 있고 매년 2백일씩 순회를 다니지 않아도 될 줄로 알았으나 그런 일은 없었다. 그래서 그는 기대치를 조정해 다른 목표에 집중했다. 그제야 자신이 바라던 결과가 보이기 시작했다. 내 친구에게 그것은 가족과 더 많은 시간을 함께 보내고, 돈에 대해 더 자유로워지고, 자녀에게 정신적 유산을 남긴다는 뜻이었다. 그것이 그의 목표였다. 돈은 부산물로 따라왔다.

무엇을 위해 일하는가?

평생의 일을 찾던 길에서 내게 이상한 일이 벌어졌다. 직장을 그만두고 세상의 모든 자유를 만끽하는 전업 작가가 되었을 때 나는 목적지에 도달한 줄 알았다. 드디어 좋아하는 일을 하며 그 일로 돈을 버는 줄 알았다. 그런데 프리랜서가 된 지 불과 몇 달 만에 탈진해 당장에라도 그만두고 싶었다. 그 이유가 무엇일까?

나에게 일이란 늘 필요악이었다. 내 앞가림을 하고 생계를 해결하기 위한 장치였다. 물론 일은 선하고 가치 있으며, 내가 거친 직장도 대부분 마음에 들었다. 하지만 돈이 필요 없었다면 취직할 필요도 없었을 것이다. 그런데 그것은 틀린 생각이었다. 자영업자가 된 지 몇 달 만에 주저앉고 싶었던 이유도 바로 그거였다. 나는 일의 참된 의미를 간과하고 있었다.

그 위기의 기간에 나 자신에게 하지 않은 질문이 있다.

"나는 무엇을 위해 일하는가?" 우리도 다 한 번쯤 던져야 할 질문이다. 일은 먹고살기 위한 것인가? 그렇게 일을 목적의 수단으로 보는 게 일반적 태도이자 접근이다. 살려고 일하지 일하려고 살지는 않는다. 그런데 일의 목적이 부와 번영이라고 하자. 그 목표를 이루어 돈을 벌 만큼 벌었다면 어떻게 해야 할까? 조기 은퇴를 해야 할까? 그러는 사람도 있다. 하지만 그럴 때조차도 목표가 작고 왠지 시시해 보인다. 자기만족이 궁극의 보상이라면 왜 더 많이 가진 사람들이 종종 덜 행복할까? 왜 빌 게이츠와 가수 보노(Bono) 같은 사람들이 재산을 모아 남에게 기부할까? 부나 명예를 좇는 게 아니라면 우리는 무엇을 위해 일하는가?

제2차 세계대전 중 영국의 작가 도로시 세이어즈(Dorothy Sayers)는 "왜 일하는가?"라는 제목의 설득력 있는 평론을 썼다. 이 글에 그녀는 직업의 동기를 다루면서 당시 정황에 맞는 특수한 도전을 제시했다. 전쟁이 끝난 후 사회가 일에 어떻게 접근할 것인가 하는 물음이었다.

유럽과 미국의 많은 공장은 연합군에게 보낼 무기와 보급품을 생산하는 데 가동되었다. 하지만 그런 상황은 곧 끝날 것이었다. 전시에는 생산량이 최고치를 기록하면서 경기가 호황을 누렸다. 연합군의 승전을 위해 물자를 충분히 보급한다는 명명백백한 일의 목적도 있었다. 그러나 평시가 되면 공장들과 직원들은 무엇을 할 것인가? 모두를 단합시키는 중심 목적이 없을 때 그들은 어떻게 일할 것인가? 세이어즈는 사람들이 열등한 직업윤리로 회귀할 것을 우려했다. 그렇게 되면 서구에 장기적 문제가 발생할 수 있기 때문이었다.

그녀는 이렇게 썼다.

"우리는 워낙 일을 돈벌이 수단으로 생각해서 일 자체를 잘해낸다는 개념이 얼마나 혁명적 변화인지 상상하지 못한다." 우리가 이 변화를 이룰 수 있다면-일도 놀이와 똑같은 방식으로 생각해 즐거움을 위한 추구로 대한다면-그것이 세상을 변화시킬 것이다. 요컨대 세이어즈의 말은 우리가 즐기는 활동에 대한 태도를 일에도 똑같이 품어야 한다는 것이다. 일이 목적의 수단이 아니라 그 자체로 목적이라는 것이다.

모든 노동자는 일에 대해 더 깊은 질문을 할 도덕적 책임이 있다. 세이어즈에 따르면 "어느 사업에 대해서든 우리가 던져야 할 물음은 '돈벌이가 될까?'가 아니라 '선한 일인가?'이다." 그녀의 표현대로 "일을 섬기면" 당신은 본연의 일을 할 뿐 아니라 그 일을 잘하는 것이다. 나머지는 당신의 소관이 아니다. 부와 명성이 따라올 수 있으나 그것이 목표는 아니다. 일은 우리를 단지 더 부자가 아니라 더 나은 사람이 되게 해주는 수단이다. 우리의 책임은 바로 그런 시각을 품는 것이다.

심리학 교수인 미하이 칙센트미하이(Mihaly Csikszentmihalyi)의 연구가 그것을 예증해 준다. 어렸을 때 그는 사람들이 제2차 세계대전의 만행 때문에 전후에 의미 있는 삶을 영위하는 데 어려움을 겪는 것을 목격했다. 전쟁이 외상(外傷)을 남겨 행복을 느낄 이유가 별로 없었다. 그들이 다시 삶의 의미와 행복을 찾을 길이 있을까? 소득의 증가는 일단 빈곤선을 넘어 일정 기준에 도달하면 사람들을 더 행복하게 해주지 못한다. "물질적 풍요는 인간의 행복의 정도에 영향을 주지 못하는 것 같다"고 그는 말했다.[10]

명성과 재물이 행복의 비결이 아니라면 그렇다면 무엇일까? 그것은 칙센트미하이가 "몰입(flow)"이라 표현한 정신적 상태다. 몰입이란 당신이 잘하는 일과 도전적인 일이 교차하는 곳이다. 어려움과 실력이 만나는 곳이다. 당신의 실력이 일의 어려움을 능가하면 당신은 권태에 빠진다. 반대로 어려움이 실력보다 크면 당신은 불안해진다. 내 경우는 바로 권태가 문제였다. 그래서 생각나는 대로 최선을 다해 나의 새 일을 더 어렵게 만들었다. 그랬더니 어떻게 되었는지 아는가? 권태가 사라졌다. 나중에야 알았지만 새로운 도전에 뛰어든 덕분에 내게 부족했던 목적의식이 생겨났다.

전후 유럽과 미국의 노동자들도 똑같은 문제에 부딪쳤다. 어떻게 하면 목적의식을 잃지 않을까? 그들도 자신의 몰입을 발견해야 했다. 도전은 먼 곳의 대의를 위해 뭔가를 생산하는 게 아니다. 일 자체가 곧 도전임을 깨달아야 했다.

칙센트미하이는 몰입의 상태에 들어가 있을 때의 심정을 이렇게 묘사했다. "당신은 자신이 해야 할 일이 비록 어렵지만 가능함을 안다. 시간감각이 사라지고 자신을 망각한다. 자신이 뭔가 더 큰 일의 일부로 느껴진다."[11] 일신상의 성공이나 명예를 위해서만 일한다면 결국 우리는 흥미를 잃거나 불안에 짓눌릴 것이다. 그러나 더 큰 선을 위해 일한다면—일을 수단으로 삼기보다 오히려 일을 섬긴다면—매일 아침에 일어날 때마다 새로운 도전과 목적이 생긴다. 소명과 아주 비슷하지 않은가.

우리는 자신의 직업을 돌보는 사람이요 자신보다 큰 비전을 맡은 청지기다. 우리의 책임은 재능을 활용하지 않고 묻어두는 게 아니라 도전적으로 구사해서 남을 이롭게 하는 것이다. 요컨대 당신의 소명은 남에게 주라고 있는 선물이다. 소명은 생명의 도관이며 이를 통해 우리는 자신의 기술과 열정을 만족스럽고 의미 있게 결합할 수 있다.

조디 마베리는 승진하면서 가족을 데리고 다시 이사해야 했다. 그래서 스포캔을 떠나 몇 년 더 서부의 다른 공원에서 일했다.[12] 그는 공원 관리인이 되는 게 자신의 꿈인 줄 알았으나 사생활에 이런 대가를 치르다 보니 더는 확신이 서지 않았다. 자녀들은 하루가 다르게 커 가는데 그가 가족과 함께 보내는 시간은 많지 않았다. 설상가상으로 공원 쪽에도 불황이 닥쳐 이 직장이 얼마나 안정된 곳인지도 알 수 없었다.

고민 끝에 조디는 공원 일을 그만두고 가정에 집중하기로 했다. 학업에 복귀해 경영학 석사학위를 딴 그는 작은 건축회사에 들어가 행정 업무를 맡았다. 또 생전 처음 가족을 도시로 이주시켰다. 아이들은 처음으로 이웃이 생겨 무척 좋아했다. 지금도 조디는 그 일을 후회하지 않는다.

하지만 몇 년이 지난 지금도 조디의 내면에는 좀처럼 가시지 않는 갈증이 있다. 공원 일을 그만두고 1년쯤 지나자 다시 근질거리기 시작했다. 학교에서 배우는 내용을 이전 직장인 공원 관리에 적용할 방법들이 자꾸만 떠올랐다. 친구들과 대화할 때도 문득 그 일이 그리워졌다.

"공원이 다시 나를 잡아끌기 시작했습니다. 이번에는 나도 그 부름에 마냥 지체해서는 안 된다는 걸 알았지요." 그는 그렇게 회고했다.

현재 조디는 기업체들의 전략적 기획과 마케팅을 돕는 컨설턴트로 일하고 있다. 언젠가는 다시 공원 일로 돌아갈 생각도 있지만 현재로서는 자신의 이런 선택이 옳게 느껴진다고 한다.

조디와 화상 통화를 하면서 혹시 후회되는 일이 있느냐고 물었더니 그는 "아니요, 없습니다. 그리울 때는 있지만, 후회는 전혀 없습니다"라고 말했다. 그가 아는 이전의 공원 관리인들도 자기처럼 힘든 선택을 해야 했다고 한다. 가족을 데리고 이사를 하든지 아니면 감원을 당해야 했다. 그는 "그들에게는 공원 관리인의 자리가 전부였습니다. 그 일을 정말 좋아했지요"라고 말했다. 하지만 많은 사람이 공원 대신 가정을 선택한 뒤로 꿈을 잃고 슬퍼했다.

그 중 더러는 어류와 야생동물 부서의 공무원이 되었고, 더러는 주(州) 경찰관이 되었고, 더러는 학교 교사가 되었다. 하지만 조디처럼 그들도 공원 관리인이 된다는 꿈은 사라져 버렸고, 그 상태로 삶을 이어가야 했다.

"정말 슬픈 일입니다. 공원 관리인은 여러모로 그 일이 먼저이고 아빠나 남편의 자리는 그다음이거든요." 조디가 말했다. 물론 누구나 겪을 수 있는 일이지만 그 생각만 하면 그는 늘 기운이 빠졌다.

어쩌면 삶을 이어가는 것도 과정의 일부다. 어쩌면 소명이란 늘 진화하는 것이다. 소명은 결코 당신을 한곳에 너무 오래 가만히 있게 두지 않는다. 지금 조디는 자신의 사업 배경과 공원 경험을 둘 다 활용해 차세대 공원 지도자들을 길러내고 있다. 나와 인터뷰하던 그 무렵에 그는 "공원 지도자 쇼"라는 팟캐스트를 출범했다. 공원 관리인들과 전문가들을 초대해 인터뷰하는 이 방송은 어느새 업계의 자원이 되고 있다. 공원 관리인의 일에는 관리 및 경영 기술이 많이 필요한데 그 부분은 각자 알아서 배워야 한다. "거기에 대한 훈련은 없거든요"라고 그는 내게 말했다. 이 팟캐스트가 그런 훈련을 제공하고 있다.

조디가 그 쇼에서 인터뷰한 잭 하트(Jack Hartt)는 그의 첫 상사이자 그를 공원 관리인이 되도록 도와준 사람이다. 대화 중에 조디가 그 일이 그립다고 말하자 잭은 이렇게 대답했다.

"공원 관리인의 자리가 그리울 수도 있겠지만, 이 팟캐스트에 성공하면 당신은 공원에서 일할 때보다 더 많은 사람에게 영향을 미치게 됩니다."

돌아보면 조디는 뜻밖의 반전과 실망까지 포함해서 자기 인생의 모든 일 덕분에 자신이 지금의 자리에 와 있음을 안다. 이야기가 자꾸 이상하게 꼬여 적시에 회전축을 활용해야 하지 않았다면 현재의 일을 할 수 없었을 것이다. 그는 이렇게 말했다.

"8년 동안 공원 관리인으로 일하지 않았다면 이렇게 못했을 겁니다. 사업에 몸담은 덕에 특이한 공원 관리인의 이야기가 생겨나지 않았다면 이렇게 못했을 겁니다." 그에게는 모든 것이 연결되어 있다.

그렇다면 지금 조디는 자신의 소명을 어떻게 볼까? 소명이 변화하거나 진화한 것일까?

"나는 공원으로 부름받은 것이지 공원 관리인의 자리로 부름받은 게 아니었습니다." 그는 그렇게 말하며 이제 자신의 천직이 무엇인지 더 잘 알겠노라고 설명했다.

"이 분야를 떠나려 했을 때도 뒤에서 그것이 잡아끌더군요." 그의 경험상 소명이란 결코 우리를 그냥 두지 않고 각자의 천직을 향해 부른다. 조디의 소명은 세월을 따라 들고나면서, 그 자신과 함께 성장하고 변화했다.

다시 그의 말이다.

"당신의 소명을 찾으려 하지 마십시오. 계속 발품을 팔며 탐험하고 새로운 일을 시도하십시오. 그러면 뭔가가 당신을 붙잡을 겁니다. 당신을 부를 겁니다. 사랑에 빠지는 것과 다르지 않습니다. 방에 틀어박혀 있어서는 어떤 한 여자와 결혼하기로 할 수 없잖아요. 사랑에 빠지려면 경험과 기쁨과 도전과 어쩌면 마음의 상처까지도 나누어야 합니다. 그 모든 일이 일어날 수 있으려면 방에서 나와 관계에 뛰어들어야 합니다. 도저히 생각을 떨칠 수 없는 그 한 여자를 만나야 합니다."

조디는 자신이 생각했던 소명을 몇 번 등져야 했다. 일을 사랑했지만, 가족에 대한 책임이 일보다 먼저였다. 그에게 소명이란 단지 직위가 아니라 인생을 잘 사는 일이다. 어쩌면 당신과 내게도 마찬가지일 것이다.

내가 워싱턴주로 여행을 간 김에 조디를 만났을 때, 그는 자신의 옛 본거지로 나를 데리고 다녔다. 이런저런 이야기를 들려주며 스포캔산 정상까지 차를 몰고 올라가 경치를 보여 주었다. 그런 그를 보며 나는 분명히 알 수 있었다. 비록 그가 공원 관리인이라는 일을 떠난 지 오래지만, 그 일은 결코 그를 완전히 떠나지 않았다.

"소명이란 특정한 일자리를 뜻하는 게 아닙니다." 그가 말했다.

"이제는 공원 관리인이 아니지만 그렇다고 내 소명을 등져야 하는 건 아니지요. 대신 내 강점을 살려 다른 방식으로 이 일의 부가가치를 높일 수 있습니다."[13]

가슴 뛰는 인생을 위한

연습 6

당신의 포트폴리오를 작성하라.

이상적인 일주일을 계획하는 게 아니고 다음 한 해에 초점을 맞추라.

365일 중 노동으로 생활비를 벌어야 할 날수는 며칠인가?

그 시간을 제하면 학업과 가사와 기부 노동에 쓸 날은 며칠이 남는가?

달력을 쭉 넘기면서 그 세 가지 활동에 쓸 수 있는 날짜들에 미리 표시해 두라.

가족이나 중요한 타인이 있다면 이 연습을 그들과 함께 하라.

아직 아무것도 최종적으로 확정지을 필요는 없다.

다만 이것은 당신의 한 해를 개괄하면서

어떻게 하면 평생의 일 쪽으로 의지적으로 움직일 수 있는지 알아보는 작업이다.

포트폴리오의 작성법에 대한 더 자세한 내용은 artofworkbook.com/portfolio를 참조하기 바란다.

조디 마베리의 이야기에서 보듯이 소명이란 직업이라기보다 당신이 창출해내는 포트폴리오의 일이다. 당신의 이상적 포트폴리오는 어떤 모습이겠는가?

찰스 핸디가 말한 다섯 가지 일 중 당신이 간과해 온 부분은 무엇인가?

가슴 뛰는 인생의 완성

PART
Three

07

진짜 일은 인생 전체를 통해 만들어진다

> "천직이란 참 자아를
> 찾아가는 여정이다"

인생이란 다른 사람들의 삶에 미치는 영향을 빼면 의미가 없다.

– 재키 로빈슨 (Jackie Robinson)

기존 생각

흔히 "천직은 직업에 국한된 사항이다. 하는 일과 정체성과는 별 개다. 소명이란 성취해야 할 프로젝트 같은 것이다" 라고 말한다.

"소명은 당신이 하는 일만이 아니라 당신이 되어가는 사람이고 당신이 남기는 유산이다."

아프리카 중부의 흙집을 처음 방문할 때 내가 무엇을 기대했는지는 모르지만, 이것은 아니었다. 희망을 기대하지는 않았다. "여기가 네가 사는 곳이니?" 길잡이가 케빈(Kevin)이라는 어린 소녀에게 물었다. 우리는 흙길을 따라 그 아이의 집으로 걷고 있었다. 산꼭대기에 이르자 여태 무뚝뚝하던 아이의 태도가 밝아졌다. 아이의 부모가 우리를 맞아 주었다. 적어도 우리는 그들이 부모이려니 생각했다.

가장인 샘(Sam)이 그 오해를 즉각 바로잡아 주었다. 아홉 살 난 이 소녀는 그의 처제였다. 엄마가 사라진 뒤로 샘과 아내 크리스틴(Christine)이 아이를 집으로 데려왔다. 엄마는 뭔가 정신질환이 있는 데다 자식들을 버리는 안 좋은 버릇까지 있었다. 그래서 그들이 케빈을 딸처럼 기르기로 했다. 그들에게 거기에 관해 묻고, 마음씨가 좋다고 칭찬하니 그들은 쑥스러워했다.

일가족의 주택은 초가지붕을 얹은 세 채의 짱짱한 흙집으로 이루어져 있었다. 한 채는 부엌이고 다른 둘은 방인데 쭉 둘러보니 모두 잘 간수되어 있었다. 바닥도 깨끗이 쓸려 있었고 물건도 제자리에 치워져 있었다. 가정집다운 익숙한 질서와 틀이 있었다. 그들은 수수한 사람들이었지만 현재 소유한 것에 대해 큰 긍지를 품고 있음을 알 수 있었다. 특히 크리스틴이 그랬다.

두말할 것도 없이 그들의 삶은 고달팠다. 1년 전 부부는 쌍둥이 사내 아기들을 잃고 아직도 그 상처에서 치유되는 중이었다. 아들 어거스틴 (Augustine)은 청각 장애인이다. 특수학교 같은 곳이 있다면 삶이 더 쉬워지겠지만, 그들에게는 그런 기회가 없었다.

샘은 20년에 걸친 내전으로 피폐해진 우간다 북동부의 리라(Lira)에서 빈농의 집에 태어났다. 부모가 가난한 중에도 땅을 조금 물려주어 그는 거기서 농사를 짓고 가정을 일구었다. "자식이 태어난 후에도 집에 남아 있는 남자는 보기 드뭅니다." 여행 인도자 중 하나가 내게 해준 말이다. 그 문화의 남자들은 대개 아이가 생기면 집을 떠나는데 샘은 그런 남자가 아니었다.

한동안 집에 함께 있다가 샘이 내게 근처 길목의 작은 가게를 보여 주었다. 그가 식용유며 성냥 같은 잡화를 파는 곳이었다.

나는 즉시 그에게 질문을 퍼부었다.

"물건을 팔면 돈을 얼마나 법니까? 이윤이 얼마나 남습니까? 새 물건은 언제 주문합니까?" 그는 답을 다 알고 있었다.

돈을 얼마큼 벌고 싶다는 목표가 있는지도 물었다. 내 경험상 웬만한 사람들은 이 질문의 답을 모른다. 하지만 참된 성공에 이르려면 목표가 있어야 한다. 어디로 가는지 알아야 거기에 도달할 수 있다. 뻔한 이야기 같지만 정작 무엇을 성취하려는지 모른 채 꿈을 좇는 사람들이 너무 많다. 그런데 샘은 달랐다.

"5백만이면 됩니다." 그는 주저 없이 말했다.

아들을 특수학교에 보내고 흙집이 아닌 집을 지으려면 그만한 돈이 필요하다고 했다. 나는 너무 눈에 띄지 않게 전화기를 꺼내 계산기 앱을 열어 얼른 환율을 계산해 보았다. 2천 달러쯤 되었다.

"샘, 당신은 꼭 목표를 이룰 겁니다." 내가 씩 웃으며 말했다.

그의 가족은 날마다 3km를 걸어 깨끗한 마실 물을 길어와야 했다. 전기를 비롯해 현대의 이기(利器)란 전혀 없었다. 음식도 다 불을 피워 요리했고 하루 생활비가 채 몇 달러도 안 되었다. 다행히 집 사방에 수수와 망고 나무 같은 식물들이 있었다. 일가족을 굶지 않게 해줄 생명의 과일과 채소와 곡물이었다.

샘은 생계만 해결하는 사람이 아니었다. 먹고사는 데 그치지 않고 자신의 삶을 향상하고 자녀들의 미래를 열어 주려고 열심히 일하고 있었다. 웃음을 전염시키는 그 남자와 작별하면서 나는 그가 정말 부자임을 깨달았다.

빈부는 단지 소유나 소득으로 규정할 수 없는 개념이다. 매년 4억5천만 원을 벌어 5억 원씩 쓰는 변호사는 부자일까? 그 소비 습관은 지속 가능할까? 2년 전 내가 과테말라의 빈민촌에서 만났던 어느 엄마는 어떤가? 아침마다 집을 청소한 뒤 시장에서 일하여 자녀들을 학교에 보내는 그녀는 가난한가? 거의 무일푼으로 살아가는 사람들의 처지를 가볍게 보고 하는 말은 아니다. 이렇게 글이라도 쓸 수 있는 나의 호사를 축소할 생각도 없다. 하지만 빈곤이 환경 이상으로 사고방식임을 나는 신도시가 아니라 빈민촌에서 배웠다. 그동안 나는 세상 최악의 극빈 지역에 사는 부자들도 만나 보았고, 백만 달러의 저택에 사는 피폐한 사람들도 만나 보았다.

샘의 가난은 오래가지 않을 것이다. 그에게 가난이란 말이 가당키라도 하다면 말이다. 그에게는 기회와 수단이 있고 자신의 삶을 변화시키려는 의지가 있다. 그의 태도는 내가 캄팔라(Kampala)의 빈민촌에 들어설 때 받은 인상과는 달랐다. 우간다의 수도인 그곳은 가난의 종류가 달랐고 희망도 별로 없었다. 그러나 샘의 눈빛 속에는 내가 바라던 것, 전염성 있는 강력한 무엇이 있었다. 그의 꿈은 자신을 위한 게 아니라 가족을 위한 것이었다. 그것이 내게 희망을 주었다. 농사일 할 괭이와 판잣집에 차린 가게밖에 없는 우간다 시골에서 샘이 의미와 의욕을 찾을 수 있다면, 온갖 도구를 마음대로 쓸 수 있는 당신과 내가 그러지 못할 이유가 무엇인가? 소명이 평범하든 비범하든 그것을 떠나 어떻게 우리도 소명을 취하여 샘처럼 할 것인가? 어떻게 우리의 일을 통해 너그럽게 베풀 것인가?

우리 인생에 할 수 있는 일을 환경이 지시하는 경우는 드물다. 아프리카 오지에서 자신과 사랑하는 이들의 삶을 가꾸고 있는 그 사람이 내게 그것을 어떤 백만장자보다도 더 잘 가르쳐 주었다. 그에게 일이란 삶을 향상하는 수단이자 또한 목적이다. 그는 사랑하는 이들을 위해 자신이 좋아하는 일을 하고 있다.

성공의 관건은 당신이 아니다

나는 꿈의 추구가 본래 이기적인 일이며 그것의 관건이 나인 줄로 알았다. 하지만 완전히 잘못된 생각이었다. 삶에서 원하는 모든 것을 얻은 뒤에야 나는 그 무엇도 나를 위한 게 아님을 깨달았다.

"내 길을 갈 때가 된 것 같습니다." 7년 전에 나는 상사에게 그렇게 말했다. 그 7년 기간의 대부분 동안 그는 나의 멘토였다. 그는 즉시 자세를 똑바로 고쳐 앉더니 아무 말도 없이 나를 보았다.

"어… 그러니까 때가 된 것 같습니다. 돈도 있고 가족의 지지도 있고 내 열정도 있습니다. 오로지 나를 막을 게 있다면 글쎄요, 당신을 실망하게 하고 싶지 않은 마음이랄까요."

말없이 나를 바라보고만 있던 그가 이윽고 입을 열었다.

"제프, 실망은커녕 자네가 자랑스럽네. 자네가 이런 얘기를 하리라 생각했네. 얼마 전부터 눈치 채고 있었지. 때가 되었으니 떠나서 자네의 길을 가게."

몇 달 후 나는 자영업자가 되었다. 그때부터 정말 힘든 일이 시작되었다. 퇴직하기 전에 나는 최소 6개월분의 생활비를 모아 두었다. 정말 아껴 쓰면 1년까지 갈지도 몰랐다. 첫 달부터 새 일에 스트레스를 받지 않으려면 한동안 돈 걱정을 하지 않아야겠다는 생각이 들었다. 나는 늘 시간 여유를 가지고 사업을 일구고 싶었다. 그런데 돈이 저축되어 있으니 한 가지 문제가 생겼다. 일할 동기가 없어진 것이다.

일을 돈벌이 수단으로 본 지 워낙 오래되다 보니 돈 문제가 없어지자 일을 해야 할 확실한 이유도 없어졌다. 두 달 동안 의욕이 없어 정말 고생했다. 왜 일해야 하는지 몰랐다. 동기가 없으니 게을러지고 점차 우울해졌다. 굳이 일할 필요가 없다면 이제 나는 무엇을 해야 하는가? 왜 해야 하는가?

결국, 나는 일을 재개했지만, 목적이 달라져 있었다. 2개월간 낙담해 있던 중에 나는 소프트웨어 회사로 성공한 친구 스튜(Stu)에게 전화해 동기의 문제를 어떻게 해결했는지 물었다. 그는 "제프, 내가 사는 곳은 소읍이고 자영업을 한 뒤로 생활수준도 별로 높아진 게 없네"라고 말했다. 그러다 보니 필요한 돈보다 버는 돈이 더 많아졌다. 그때 스튜는 아프리카에 가서 전혀 새로운 가능성의 세계에 눈떴다. 기회와 좋은 교육만 있으면 한 인생이 얼마나 달라질 수 있는지 케냐에서 본 것이다. 그는 죄책감을 느낄 게 아니라 자신의 타고난 재능을 살려 남을 도울 수 있음을 깨달았다. 자신의 노력이나 자격이 없이 그냥 주어진 재능도 있었다.

"그 뒤로 내게 돈 버는 재주가 있으며 그것을 찜찜하게 생각할 필요가 없음을 깨달았지. 내가 제일 잘하는 일을 선용하면 되는 거니까. 귀국해서는 나 자신을 위해서가 아니라 아프리카에서 만난 모든 사람을 위해 일하기 시작했네."

몇 년 후 나도 비슷한 일을 경험했다. 내 블로그를 통해 충분히 번 돈을 보태 케냐 몸바사(Mombasa) 외곽의 나환자촌에 사는 여성들에게 소득을 올릴 수 있는 작업장을 지어 준 것이다. 일이란 본래 생계 수단만은 아닌 것 같다. 일이란 본래 우리 자신의 삶과 타인의 삶 속에 변화를 이루는 수단이다. 오늘 우리의 문제는 일을 의무로, 즉 생활비를 벌기 위한 부득이한 활동으로 보는 사람이 많다는 것이다. 그런가 하면 우리는 일을 자신의 생활 수준을 높이는 수단, 평소에 원하던 것을 다 살 수 있도록 거액의 돈을 버는 수단으로 보기도 한다. 하지만 둘 중 어느 쪽에도 만족은 없다.

이렇게 나를 앞세우는 직업관은 무력하다. 세상을 둘러보면 일부 억만장자들과 스타 연예인들의 삶에서 신기한 동향을 볼 수 있다. 그들은 단순히 노동의 열매를 누리는 데 만족하지도 않지만, 그렇다고 고액의 수입 때문에 쓸데없는 죄책감에 빠지지도 않는다. 죄책감 자체로는 아무 일도 이룰 수 없음을 그들은 안다. 대신 그들은 자신의 자원과 영향력을 통해 다른 사람들의 삶을 향상시킨다. 인맥과 명성은 물론이고 대중이 자신의 말을 경청한다는 점까지 십분 활용해 선을 이루려 한다.

몇 세대 전만 해도 남자들은 일터에서든 전쟁터에서든 마지막 죽는 날까지 일하기 일쑤였다. 지난 세대 우리 부모들은 인생의 마지막 3분의 1을 어떻게 보내야 할지 고민해야 했다. 은퇴 자금을 어떻게 쓸 것인가? 쓸데없는 일에 날릴 것인가, 아니면 보람된 일에 투자할 것인가?

그러나 이제 정신적 유산이란 당신이 혹시 오래 살 것인가 또는 언제 은퇴할 것인가의 문제가 아니다. 현재 가진 것으로 무엇을 할 것인가의 문제다. 굳이 30년간 생활비를 벌다가 그때부터 돌아서서 다음 30년간 베풀 필요가 없다. 보람을 중시한다면 당신의 삶과 일을 조정해 지금부터 삶으로 유산을 남기면 된다. 사실 베푸는 삶은 성공의 부산물일 필요도 없고, 애초에 성공을 이끄는 동인일 수 있다.

"우리가 당신의 교향곡입니다"

영화 "홀랜드 오퍼스"(Mr. Holland's Opus)의 글렌 홀랜드(Glen Holland)는 좌절한 음악 교사로, 삶의 자투리 시간에 걸작을 작곡하려 하지만 끝내 성공하지 못한다. 적어도 그가 바라던 방식으로는 아니다. 교향곡이 거의 완성되려 할 때마다 새로 복잡한 상황이 발생해 작업을 미루어야만 한다.

순회공연을 다니다 안식년을 맞은 음악가 홀랜드는 공석이던 어느 고등학교의 음악 교사직을 맡는다. 작곡할 시간이 더 많아질 것 같아서다. 하지만 일의 요구가 늘어나고 가정의 부담이 쌓이면서 자신이 크게 잘못 생각했음을 깨닫는다. 그에게 교직은 생활비를 보충할 임시직에 불과했다.

그래도 교사로 있는 동안 그는 학생들에게 음악을 계속하도록 감화를 끼치고, 좋은 아빠와 충실한 남편이 되고자 애쓰고, 결국 자신을 해고할 완고한 학교 이사회와 싸운다. 그러면서 한편으로 작곡에 조금씩 손을 댄다.

아들 콜(Cole)이 청각 장애인임을 알게 되던 날 글렌은 그가 영영 자신처럼 음악을 감상할 수 없음을 깨닫는다. 둘이 싸우는 장면도 나오는데, 아버지가 아들에게 존 레넌(John Lennon)이 방금 총에 맞아 슬프다고 말하자 콜은 이해하지 못한다. 홀랜드의 삶은 다분히 그런 순간들로 점철되어 있다. 자신이 오해받거나 아예 무시당한다고 느껴지는 좌절의 순간들이다. 마치 현실 앞에 꿈이 꺾인 사람이 자기 혼자뿐인 것처럼 말이다.

영화가 끝날 때 홀랜드는 냉소적인 노인이 되어 있다. 학교 이사회의 관료주의에 신물이 난 데다가 결코 자신이 그토록 꿈꾸어 온 작곡의 거장이 될 수 없다는 사실에 체념한 것이다. 학교에서 마지막 날을 보내고 가족들에 둘러싸여 출구로 향하는 그에게 체육관에서 음악 소리가 들려온다. 문을 열어 보니 수백 명의 학생과 교사들과 동문들로 강당이 가득 차 있다. 모두 그를 환송하고, 자신들의 삶에 영향을 미친 그를 기리려고 모인 것이다. 무리 중에는 그의 권위에 도전하곤 하던 냉담한 학생을 비롯해 낯익은 얼굴들이 많았다.

이 학교 동문으로 현직 주지사인 거트루드 랭(Gertrude Lang)이 사회를 맡아 모든 사람을 환영한 뒤, 홀랜드가 강당 안의 모든 사람에게 그랬듯이 자신의 삶에도 어떤 영향을 미쳤는지 설명한다. 이어 그녀는 인생의 태반을 허송했다고 느끼는 홀랜드의 심정을 언급하며 이렇게 말한다.

"소문에 따르면 그는 늘 자신을 유명하고 부유하게 해줄 교향곡을 쓰고 있었다고 합니다. 그런데 홀랜드 선생님은 지금 부자도 아니고 유명하지도 않습니다. 어쨌든 우리의 소읍을 벗어나서는 아니지요." 그러고 나서 그녀는 자신이 가장 좋아했던 교사를 보며 말한다. "홀랜드 선생님, 우리가 당신의 교향곡입니다."[1]

이어 거트루드는 그를 무대 위로 모신다. 커튼이 걷히자 글렌 홀랜드의 "미국 교향곡"을 연주하려고 관현악단이 전원 모여 있다. 그는 눈물을 글썽이며 자신이 30년에 걸쳐 작곡한 교향곡, 영영 빛을 보지 못할 줄로 알았던 그 작품을 지휘한다.[2] 청중에게나 주인공에게나 모든 것이 명료해지는 순간이다. 그는 자신이 소명을 놓친 채 덜 중요한 일에 인생을 허비했다고 생각했지만 틀린 생각이었다.

때로 삶의 모든 소소한 일은 우리의 소명을 막는 걸림돌이 아니라 오히려 가장 중요한 부분이다. 존 레넌은 아들 션(Sean)에게 준 노래에 "인생은 우리가 바쁘게 다른 계획을 짜는 동안에 벌어지는 일이다"라고 썼다.[3] 홀랜드의 삶이 바로 그랬다. 이제 그는 자신의 소명 전체를 한눈에 보게 되었다. 모든 좌절에도 목적이 있었음을 깨달았고, 자신이 삶의 진정한 이유로부터 가장 멀어졌다고 느껴지던 순간에 사실은 생각보다 거기에 훨씬 가까이 있었음을 깨달았다.

삶이 희한하게 우리에게 가르쳐 주듯이 때로 평범한 것이 가장 중요하다. 아주 하찮고 시시해 보이는 순간을 나중에 가장 아끼게 된다. 당신의 인생에서 놀라운 일을 하려고 노력할 때 잊지 말아야 할 것이 있다. 당신의 꿈을 지지해 줄 사람들이 없다면 당신의 노력은 늘 미완으로 끝난다. 업적과 훈장은 많은데 그 순간 함께 기뻐할 사람들이 없다면 그것은 삶다운 삶이라 할 수 없다.

가치 있는 소명을 추구하노라면 당신도 그런 시간을 급히 지나치고 싶어질 것이다. 예컨대 휴게실에서 동료에게 붙들리는 순간이나, 이메일을 하나 더 보내야 하는데 세 살배기 아이가 당신의 바짓가랑이를 잡는 순간이다. 주의가 산만해지는 때나 온 세상이 공모하여 당신의 생산성을 훼방하는 듯한 때도 있다. 하지만 그런 순간도 대개 목적이 있어, 소명이 단지 직업이 아니라 인생을 잘 사는 일임을 일깨워 준다. 이 이야기가 중요해지려면 당신이 피하려는 바로 그 부분들이 가장 요긴하다.

한때 나는 소명을 세상에서 선을 행하는 것으로 생각했다. 이제는 소명의 관건이 선한 사람이 되는 것임을, 그리고 그 선으로 주변 세상에 영향을 미치는 것임을 안다. 당신의 삶이라는 전체 이야기를 끝까지 가보지 않고는 다 알 수 없다는 뜻이다. 그래도 당신은 매 순간 이 여정을 더 즐길 수 있다. 아직 전체 내러티브를 모른다는 사실을 의지적으로 선뜻 인정한다면 말이다.

비로소 나 자신이 되다

"어떤 작가가 되고 싶은가?" 친구 매리언(Marion)의 물음에 나는 뭐라고 답해야 할지 막막했다. 샐린저(Salinger)나 셰익스피어(Shakespeare)라고 해야 할까? 혹시 좀 더 현대적이고 좀 더 성공한 사람을 골라야 할까? 무엇이 정답일까? 확실히 알 수 없었다.

사실 나는 여러 다양한 작가들처럼 최고가 되고 싶었으나, 정말 원한 것은 그들에게 있던 명성과 재능과 돈이었다. 하지만 어떤 작가가 되고 싶으냐고 묻는 사람에게 그렇게 저급한 소원을 말할 수는 없었다. 그래서 좀 더 심오한 말을 생각해내야 했다. 설령 그런 것들을 원한다 해도 차마 입 밖에 낼 수야 없는 노릇이었다.

세상에는 누구나 선택할 게 너무 많다. 자유는 좋은 것이지만 자유에 제한이 없으면 사람이 무력해질 수 있다. 직업과 관련해서도 우리에게 테두리가 필요하다. 집중할 수 있는 기준이 필요하다. 다행히 평생의 일에 이르는 당신의 길은 이미 펼쳐져 있다. 당신의 삶이 시작되던 순간부터 쭉 있었다. 그것은 당신 친구들의 길이나 당신이 존경하는 유명인사들의 길과는 사뭇 다르다.

우리가 찾으려는 소명은 단지 활동이 아니라 정체다. 자신이 누구인지 아는 것이다. 우리는 온전해지기 원하고 자기 인생 이야기의 의미를 알기 원한다. 그런데 여태 살펴본 이 추구는 우리가 인정하든 말든 물리적 추구만이 아니라 영적 추구이기도 하다. 어떤 면에서 참 자아가 되어가는 여정이다.

시인 메이 사튼(May Sarton)은 이렇게 썼다. "나 이제 내가 되었네. 여러 해 여러 곳을 방황하느라 시간이 많이 지났네. 나는 이리저리 흔들리고 녹아 없어져 다른 사람의 얼굴을 하고 있었네."[4] 우리도 그럴 때가 있다. 다른 사람 행세를 하며 보내는 시간이 너무 많다. 자기 본연의 삶이 아니라 훌륭해 보이는 삶을 재창조하려 한다. 실패할 수밖에 없는 일에 헛되이 에너지와 노력을 쏟아 붓는다. 이 모두는 우리가 자신의 참 자아를 두려워하기 때문이다. 하지만 운이 좋은 사람들은 다른 길을 발견한다. 아니, 길이 없으면 길을 만들어낸다. 안팎의 기대를 벗어나 자기다워진다.

부름받은 것만으로 부족하다. 당신은 자신의 소명이 되어야 하며 그러려면 그것을 선택해야만 한다. 그런 사람들이 왜 이렇게 적은 적일까? 여기에 정말 걸려 있는 문제가 무엇일까? 다른 모든 여정처럼 여기에도 모험과 위험과 실패할 가능성이 걸려 있다. 그래서 대개 친구들에게 거부당하거나 만인이 보는 데서 나동그라지기보다는 차라리 안전한 길을 택한다. 비교적 눈에 띄지 않게 무사히 살아간다. 과감히 위대한 일을 하기보다 자신이 즐기고 칭찬받는 일에 집중한다. 그러는 사이에 세월은 덧없이 흘러 삶을 유기한 그들을 조롱한다.

시인 에즈라 파운드(Ezra Pound)가 그런 사람들에 대해 적절히 잘 썼다. "낮도 넘치지 못하고 밤도 넘치지 못하니 삶은 들쥐처럼 휙 지나가 풀잎조차 미동도 없다."[5] 명작 영화를 보거나 감동적인 이야기를 읽을 때 찾아오는 느낌, 그 전율을 아는가? 그것은 아직 더 살아야 할 삶이 당신 안에 있다고 말해 준다. 고대의 신화와 전설도 똑같이 말한다. 모든 영웅의 이야기에는 뭔가 신성한 일이 있으며, 그 일은 본연의 자아를 더 깊이 이해하는 데서 절정에 이른다. 그 일은 어떻게 수행되는가? 본인의 추구를 통해 수행된다. 이 위업을 이루려면 모든 재능과 기술과 힘을 동원해야 한다. 다시 말해서 그들은 노력해야 한다.

날마다 당신과 나는 선택에 직면한다. 진정한 자아를 추구할 수도 있고, 실물의 그림자만 쫓을 수도 있다. 외부의 기대대로 행동할 수도 있고, 내면 깊은 데서 더 의미 있는 뭔가를 약속하는 직관의 소리를 경청할 수도 있다. 망치나 메스를 손에 들고, 컴퓨터 앞에 앉고, 다시 버스에 올라 순회를 떠나는 등 세상에서 의미 있는 일에 힘쓸 때 우리는 참 자아가 되어간다. 빅터 프랭클(Viktor Frankl)의 말처럼 우리는 행복의 이유를 찾고 있다. 충족은 인생의 목적을 발견한 소수의 엘리트층만 누리는 게 아니라 만인을 위한 것이다. 우리 각자 안에 그런 잠재력이 존재한다. 온전한 자아가 되는 데 필요한 모든 것이 당신에게 있다. 이미 당신 안에 있다. 이제 그대로 되기만 하면 된다.

소명은 반짝이는 새것이 아니라 종종 낡고 뻔한 것이다. 쉽게 당연시되는 낯익은 얼굴이며 우리 삶 속에 자꾸 찾아오는 구습이나 옛 취미다. 소명은 세상과 공유하는 우리의 참 자아다. 하지만 지금 내가 하는 일이 생각보다 의미 있는 일임을 깨우치려면 때로 경종의 사건이 필요하다.

학교 교사인 글로리아 스트롱크스(Gloria Stronks)는 교실을 비우던 어느 날 그 교훈을 배웠다. 교장이 그녀에게 말했다. "이틀 동안 대리 교사를 채용했습니다. 당신은 반 학생들의 가정을 일일이 방문해 주십시오. 가정당 10분씩만 머물면 됩니다." 이어 이런 말이 덧붙여졌다.

"아버지들은 가정에 없을 겁니다. 다수가 감옥에 있으니까요. 그냥 학생들을 이해하기만 하면 됩니다."

글로리아는 어린아이들의 교사가 될 생각이 전혀 없었다. 남편이 대학원생이라 자신이 취직해야 했는데, 나와 있는 일자리라고는 학생이 47명인 초등학교 3학년 반의 담임교사직뿐이었다. 가정 방문은 그야말로 충격이었다. 집들은 판잣집에 흙바닥이었고 아이들은 그 바닥이나 아니면 폐품 처리장에서 주워온 카시트에서 잤다. 그때의 일을 그녀는 이렇게 회상했다.

엄마들은 말이 서툴렀고 내가 방문한 게 두려운 모양이었다. 학교로 돌아오면서 나는 우리 반 학생들이 그 정도로 잘 배울 수 있다는 사실에 놀랐다. 모든 아이의 읽기 실력이 적어도 2학년 중급은 되었으니 이전의 교사들이 정말 잘 가르쳤다는 생각이 들었다. 그 교사들이야말로 아이들의 삶에 가장 중요한 성인(成人)들이었다. 그런데 이제 나도 그중 하나가 된 것이다.[6]

감사를 모르던 글로리아의 마음은 깊은 자부심으로 바뀌었다. 일에 불만이 많던 그녀가 그 일을 받아들였다. 때로 소명은 자신보다 큰 이야기 속에서 당신이 맡은 역할을 그냥 받아들이는 것이다. 어떤 작가가 되고 싶으냐는 친구의 물음에 그래서 나는 가장 자연스럽게 떠오르는 말로 답했다. "내가 되어야 할 본연의 나다운 작가가 되고 싶네."

소명을 놓치는 방법

소명을 놓치는 가장 쉬운 방법은 부름을 무시하는 것이다. 어쩌면 그 부름이 너무 위험하게 느껴질 수 있다. 이미 물 건너간 듯한 꿈을 추구하기에는 당신이 너무 늙고 실없어 보일 수 있다. 우리는 늘 시작을 "언젠가"로 미룬다. 그런데 그날은 오지 않는다. 흔히 있는 일이다. 우리는 이런 행동의 부재를 변명하거나 서로 합리화하기도 한다.

대다수 사람은 자신에게 전혀 감동을 주지 못하는 직업에 몸담고 있나. 그러다 보면 안일에 빠질 수 있다. '그런 모험이 왜 필요하지? 친구들과 가족들도 하지 않는데 나만 그러면 이상해 보일 거야. 나를 사랑하는 이들과 어쩌면 사이가 멀어질지도 몰라.' 그래서 그들은 끝내 시간을 내지 않는다. 그러다가 올리버 웬델 홈스(Oliver Wendell Holmes)가 말한 대로 "자기 속에 음악을 품은 채로 죽는다."[7]

소명을 놓치는 또 다른 방법은 그것을 생활방식이 아니라 하나의 사건으로 대하는 것이다. 잊지 마라. 당신의 천직은 단일한 명작이 아니라 인생 전체라는 걸작이다. 한 편의 작품이 아니라 전작(全作)이다. 그것을 만들려면 평생이 걸린다. 따라서 너무 일찍 중단하거나, 인생 전체를 그 작업을 완수하는 수단으로 보지 않는다면 당신은 그것을 놓칠 수 있다.

최근 친구와 함께 점심을 먹으며 소명과 목적을 주제로 대화한 적이 있다. 그가 이런 말을 했다.

"내 인생의 목적은 그냥 딸들을 기르는 것이었는지도 모르네. 위대한 일을 하는 건 딸들의 몫이고 말일세. 본래 내가 해야 할 일은 그게 다인지도 모르네. 그렇다면 이제 내 목적은 실현되었고 나머지는 다 덤이지. 그래도 나는 괜찮다네."

목적을 자신보다 큰 무엇으로 본다는 점에서 그의 생각은 옳다. 그는 그 일을 완수하기 위해 태어났고 그 파장은 영원까지 미칠 것이다. 어쨌든 당신의 소명은 인생의 단일한 사건이 아니라 당신이 만들어내는 작품 전체다. 거기에는 당신의 직업과 관계와 남기고 갈 정신적 유산이 다 포함된다. 소명을 그 밖의 다른 것으로 본다면 당신은 목표를 이루지 못할 수 있다. 정말 자신의 잠재력에 부응하지 못할 수 있다. 어쩌면 당신은 부름에 응답했으나 중도에 포기했을 수 있다. 길에 들어섰다가 도로 물러나거나 주저앉았고, 그러다 결국 떠나 버렸다. 위대한 존재로 부름받은 당신이 양호한 수준에 안주했다.

영화 "파인딩 포레스터"(Finding Forrester)에서 숀 코너리(Sean Connery)는 칩거하는 노령의 작가로 나온다. 손님 따위는 안중에 없이 집안에 틀어박혀 지낸다. 멘토가 되어 줄 사람을 찾아 그를 추적하는 젊은 대학생에게는 그것이 길조일 리 없다. 처음에 포레스터는 이 젊은이를 무시한다. 아예 욕을 퍼부으며 쫓아낸다. 하지만 결국 둘은 친구가 되고, 젊은이는 다분히 그 멘토 관계 덕분에 인생의 길을 발견한다. 이야기의 종결부에서 노인은 비록 자신이 오래전에 베스트셀러 소설을 썼지만, 그때 엄청난 명성을 얻은 것으로 자신의 목적이 끝난 게 아님을 깨닫는다.

우리도 마찬가지이다. 우리가 소명을 추구할 때도 목표는 성공이 아니라 정신적 유산이다. 우리가 부름받은 것은 다른 사람들을 부르기 위해서이고, 받은 재능도 남에게 베풀기 위한 것이다. 요컨대 당신이 위대한 일을 이루어 절정에 이르렀거든 그것은 시작에 불과할 수 있다.

스티븐 킹의 책상이 주는 교훈

작가 스티븐 킹(Stephen King)의 회고록에 보면 그는 오랜 세월 직업에 잘못 접근했다. 자기 일을 나머지 삶과 경쟁 관계로 봤다. 성공의 절정에서 그는 책상을 하나 샀는데 그때는 그의 중독이 가장 심했던 때였다. 그가 늘 꿈꾸었던 그 책상은 "실내를 장악할 만큼 육중한 떡갈나무 재목"이었다. 그는 그것을 서재의 한복판에 놓고 날마다 지칠 줄 모르고 일에 매달렸다.

가족의 개입으로 술을 끊은 뒤 킹은 거대한 책상을 작은 것으로 바꾸고 실내 한복판이 아니라 사무실 구석에 놓았다. 자녀들이 수시로 사무실에

와 피자를 먹으며 스포츠 중계와 영화를 보았다. 이제 사무실은 은둔처보다 거실에 가까워졌다. 그래도 그는 한 번도 불평하지 않았다. 중독 때문에 하마터면 가족을 잃을 뻔했던 그는 중독과의 싸움과 두 책상의 사건을 통해 "삶이 예술을 위해 있는 게 아니라 그 반대다"라는 사실을 배웠다.[10]

우간다의 샘이 내게 그것을 일깨워 주었고, 조디 마베리도 가족을 위해 그 부분을 아주 잘했다. 삶은 우리가 꿈꾸는 일에 걸리적거리는 존재가 아니라 애초에 그 일을 하는 이유다. 소명은 당신의 삶과 경쟁 관계나 심지어 보완 관계가 아니다. 인생을 잘 살면 삶이 곧 소명이 되고 당신의 걸작이 된다. 다만 홀랜드처럼 우리도 그 진가를 알려면 끝까지 가야 한다.

—⁓—

여러 해 전에 나는 꿈과 목표를 쭉 열거한 뒤 각각 성취할 시점을 적었다. 그 중 10년 후의 목표로 "책을 써서 출간한다"가 있었는데 1년 만에 달성되었다. 1년 동안 늦게 자고 일찍 일어났고, 취침 시간의 문제로 아내와 싸우며 약속을 자주 어겼다. 동료들과의 사이에 수많은 오해가 있었고, 내 충절의 대상이 무엇인가를 놓고 논쟁이 오갔다. 그렇게 300일 동안 나 자신에 대한 의혹과 씨름하고 나니 책 한 권이 되어 있었다. 드디어 해낸 자신이 대견했다.

그러나 막상 발매일이 되자 제대로 되는 일이 하나도 없었다. 근처 서점에 가도 서가에 내 책은 한 권도 보이지 않았다. 아마존(Amazon)에서도 짧은 시간 책 정보가 떠 있다가 사라졌다. 내 말을 듣고 책을 사려 한 사람들은 어디서도 책을 찾을 수 없다고들 했다. 나는 창피하고 풀이 죽어 집을 나와 몇 가지 용무도 보고 친구와 한잔했다. 축하를 나누어야 할 그 시간에 그냥 연민에 빠지고 싶었다.

몇 시간 후 친구가 나를 집에 데려다주었다. 집에 도착해 문을 열고 들어가니 사람들이 집 안 가득 모여 있다가 "서프라이즈~!" 하고 외쳐 나를 놀래 주었다. 아내가 내 가장 친한 친구 20명을 불러 파티를 벌인 것이다. 돌아가면서 인사하고 일일이 감사한 뒤 컵케이크를 집으려는데 주방의 식탁 위에 작은 흰색 봉투가 보였다. 그 속에 든 아내의 카드에 이런 글이 적혀 있었다. "당신이 책을 쓰리란 걸 의심해 본 적이 없어요. 늘 그때가 언제이냐의 문제였을 뿐이지요." 내 최고의 팬이 되어 주기로 서약했던 아내는 처음부터 쭉 나를 응원했다.

평생의 일을 이루고자 애쓸 때 당신은 그 추구 때문에 희생되는 게 무엇인지 주의해야 한다. 자칫 가장 가까운 사람들에게 불만을 품기 쉽고, 최고의 지지자들을 최악의 적으로 만들기 쉽다. 나머지 삶을 등진 채 그 일에만 매달리기 쉽다. 모든 관계를 생명줄이 아니라 경쟁 세력과 불신의 대상으로 보고 싶어질 수 있다. 그러다가 당신을 구원해 줄 바로 그것을 파괴할 수 있다.

파멸로 치달은 소명

나의 할아버지를 생각하면 신기할 때가 많다. 그는 언론인이자 예술가였고 거의 한평생 알코올 중독자였다. 재능이 뛰어난 화가에 극작가였던 할아버지를 나는 존경했다. 사고가 깊었던 그는 좌절과, 때로 설명 못할 슬픔에 젖은 복잡한 성격의 소유자였다. 아직도 신비로운 부분이 많지만, 이것 하나만은 분명하다. 할아버지는 후회에 찬 눈빛으로 자신이 좋아하는 책들에 둘러싸여 중독 때문에 세상을 떠났다. 황달에 걸려 흐리멍덩한 눈으로 힘없이 나를 바라보며 내 손을 잡고 희미하게 웃던 모습을 지금도 잊지 못한다. 며칠 후 몸의 주요 기관들이 완전히 멎어 버려 그는 그렇게 떠나갔다.

의심할 여지 없이 나의 할아버지는 예술가로 부름받았다. 하지만 소명 때문에 파멸을 자초한 시절이 있었던 것 또한 사실이다. 그래서 나는 아내에게 말이 거칠어지거나 아들에게 인내심을 잃을 때마다 그것을 기억하려 애쓴다. 삶이 예술을 위해 있는 게 아니라 예술이 삶을 위해 있다는 스티븐 킹의 말도 떠올린다. 아무리 큰 성공도 가장 사랑하는 이들을 잃을 만큼의 가치는 없다. 나는 아직도 이것을 배우는 중이다. 아직도 내 자존심과 야망을 죽여야 하고 책상을 방 한가운데서 치워야 한다. 하루 휴무하고 가족과 함께 동물원에 갈 때마다 나는 후회하지 않는다. 컴퓨터를 덮고 아내와 함께 영화를 볼 때나 강연 전날 아들 때문에 한밤중에 일어날 때 나는 그것이 소명의 방해물이 아님을 기억한다. 그런 순간이야말로 과정에서 가장 의미 있는 부분이다.

텔레비전 프로그램 "심슨 가족"(The Simpsons)에 이런 내용이 방영된 적이 있다. 호머(Homer)는 핵발전소가 못내 싫어 그 직장을 그만두고 평소에 꿈꾸던 볼링장에서 일하려 한다. 그런데 그가 임신한 아내와 가정을 부양할 능력이 없다는 소문이 동네에 퍼진다. 그가 어쩔 수 없이 발전소로 돌아가자 이전의 상사 번즈(Burns)는 그에게 복직을 애원하게 한다. 그것만도 굴욕인데 번즈는 호머의 사무실에 "종신직임을 명심할 것"이라는 액자를 걸어 둔다. 하지만 방송이 끝날 즈음 호머는 딸 매기(Maggie)의 사진을

모두 꺼내 그 액자 위에 붙이고 글귀도 "딸을 위해 일할 것"으로 고친다.[11]

소명을 향한 여정에는 걸림돌과 걸리적거리는 것과 좌절과 침체가 있다. 우리는 그것을 방해물로 착각할 수 있지만, 사실은 그것도 일 자체만큼이나 소명의 일부다. 마침 지금 한 좋은 친구가 학교 교사에서 금융 컨설턴트로 직장을 옮기면서 그것을 깨닫는 중이다. 아내가 집에 남아 자녀를 기를 수 있으려면 자신의 전직이 불가피했지만, 처음에 그는 좋아하는 직장을 떠나야 한다는 사실에 화가 났다. 단지 생활비를 벌기 위해 꿈을 팔고 포기하는 것처럼 느껴졌다. 하지만 이 결정을 놓고 반년 넘게 고민하면서 그는 모든 좋은 꿈은 공유할 가치가 있으며 때로 다른 사람들을 위해 희생될 가치가 있음을 깨달았다. 그렇다고 우리의 가장 깊은 갈망을 포기해야 한다는 말은 아니다. 하지만 소명이 나에게서 끝나지 않는 것만은 분명하다.

아프리카에 갔을 때 나는 우간다의 농부 샘에게 그와 그의 가족이 재미로 하는 일이 무엇이냐고 물었다. 환경을 둘러보니 놀이가 될 만한 게 별로 없었다. 그리고 그곳의 여름은 길었다. 농사일을 하거나 물을 긷지 않을 때면 그들은 종일 무엇을 할까? 내가 묻자마자 샘은 난감해 하며 고개를 저었다. 통역관이 질문을 되풀이하자 샘은 역시 잘 모르겠다는 듯 고개를 저었다. 내가 되물었다. "그러니까 재미 말입니다. 일하지 않을 때 무엇을 하시느냐고요." 그제야 그는 통역을 알아듣고 고개를 끄덕이더니 잠시 생각하다가 입을 열었다.

"우리는 모든 일을 함께 합니다. 우리한테는 그게 재미입니다."

일을 공유하라.

소명이란 당신에게서 끝나지 않고 다른 사람들과 공유하는 것이다.

당신 팀의 일원이 되어 달라고 부탁할 만한 대상의 명단을 뽑아 보라.

그들은 당신의 기업체나 기관에 고용된 사람들일 수도 있고,

그보다 비공식적으로 매달의 다자간 통화나 꾸준한 이메일을 통해

당신이 어떻게 소명을 향해 나아가고 있는지 근황을 나눌 사이일 수도 있다.

아울러 개인적으로 투자하고 싶은 대상도 세 명을 찾아내라.

공식적인 멘토 관계로 생각할 것은 없고

그냥 소수의 사람들의 삶에 개입해 최대한 성장을 도우면 된다.

정신적 유산에 대한 더 자세한 내용은 artofworkbook.com/legacy를 참조하기 바란다.

영화 속 허구 인물인 홀랜드의 이야기는 우리가 이루어내는 변화가 때로 당연시될 수 있음을 보여 준다. 당신도 관계에 집중했어야 하는데 일에 집중했던 때가 있다면 예를 들어 보라. 홀랜드에게 있었던 절정의 순간이 만일 당신에게도 있을 거라면 누가 곁에서 당신을 축하해 주었으면 좋겠는가?

에필로그 : 08

성공이란
무엇을 남기느냐의 문제다

예술 작품은 결코 완성되지 않는다.
단지 버려질 뿐이다.

– 레오나르도 다 빈치 (Leonardo Da Vinci)

결론 ;

기존 생각

흔히 "내 인생 중에 소명은 성취된다. 성취될 때 천직의 목적은 이룬 것이다. 이로써 내 사명은 완료되었다. 열차가 최종 목적지에 도착한 것과 같다"고 말한다.

소명은 목적지가 아니라 죽을 때까지 끝나지 않는 여정이다.

당신의 소명은 목적지가 아니라 죽을 때까지 끝나지 않는 여정이다.

에드 캐시(Ed Cathey)는 이전에 물리치료사였다. 그때는 내가 그를 모를 때였다. 내가 아는 그는 의사도 아니고 의료 쪽의 분위기도 풍기지 않았다. 밴더빌트 병원에서 은퇴를 한지 오래인 에드는 70세를 넘긴 노년에도 내슈빌 구제선교회에서 시간제 사목으로 일하고 있다. 은퇴 후 그는 노숙인들의 영적, 정서적, 신체적 필요를 돌보게 되었다. 선교회 안뜰은 날마다 노숙인들로 가득했다.

솔직히 에드는 튀어 보였다. 시카고 출신의 말쑥한 흑인 신사로 완벽한 영어를 구사하는 그는 마약 중독자, 상이군인, 갱 단원 등 선교회에서 날마다 부딪치는 거친 무리와 잘 어울려 보이지 않았다. 깨끗이 다린 남방셔츠를 역시 잘 다린 바지 속에 늘 단정하게 넣어 입는 그는 점잖은 기품의 표상이었다. 곧잘 선교회의 콘크리트 벽에 부딪쳐 메아리치는 취중의 고함이나 요란한 고성과는 대조를 이루었다.

에드가 그곳에 있다니 어찌 된 일일까?

때로 남자 노숙인들이 다가와 그와 손뼉을 마주치거나 악수를 하려 하지만 에드는 그런 몸짓에 응하지 않는다. 늘 어색한 미소를 지으며 점잖게 고개를 끄덕인 뒤 그들의 어깨를 두드려 줄 뿐이다. 나는 그가 왜 그러는지 몰랐다. 다만 관계에 서투르거나, 시끌벅적한 인사와 거들먹거리는 악수보다는 그들의 성장을 바라서인가보다 하고 생각했다.

"고맙네, 아들." 그는 그들의 팔을 꽉 쥐고 그렇게 말하며 지나가곤 했다.

어떤 때는 그들이 빈정대며 "내가 왜 당신 아들이오?" 하고 되받아칠 때도 있다. 하지만 에드의 따뜻한 눈빛을 마주 보며 그들의 시선도 부드러워지는 것을 나는 자주 보았다. 여태까지 그들을 아들이라 불러 준 사람이 과연 있었을지 의문이 들었다. 나중에 에드에게 들으니 그 중 일부에게는 에드가 유일한 아버지라고 했다.

에드는 이 선교회에서 15년 가까이 섬기고 있다. 가난한 사람을 향한 열정이라든가 노숙인을 향한 특별한 부담이 있어서 시작한 일은 아니었다. 사실 그는 자신이 이런 곳에 있게 될 줄은 꿈에도 몰랐다고 내게 말했다. 그런데 선교회 임원인 친구가 그에게 그곳을 한번 방문해 달라고 부탁했다. 함께 시설을 둘러본 뒤 친구는 그에게 선교회의 사목이 될 것을 생각해 보겠느냐고 물었다. 그는 약간 주저하다가 일주일에 며칠만 그곳에서 일하기로 마지못해 수락했다. 역경을 벗어나려 애쓰는 노숙인들을 상담해 주고 그들과 함께 기도하기로 한 것이다.

에드는 평생 열심히 일해 자신의 삶을 일구었고, 그 사실에 대해 어느 정도 자부심을 품고 있는 듯했다. 그는 극기의 노력으로 주변의 예상을 뒤엎었다. 그때만 해도 흑인에게는 성공의 기회가 별로 주어지지 않던 시대였다. 그런 그가 자신이 평생 저렇게 되지 말아야지 했던 부류의 사람들에게로 돌아온 것이다. 물론 겸손한 모습이지만, 솔직히 처음에 나는 에드를 비판적 시각으로 봤다. 그는 정말 이 사람들을 긍휼히 여길까, 아니면 그냥 참고 견디는 것일까? 그들과 함께 있는 그가 꽤 불편해 보인 적도 있었다. 그런데 왜 그는 계속 선교회에서 시간을 보내는 것일까? 나이가 들수록 시간이 더 귀한 법인데 말이다. 왜 하필 여기일까? 이런 사람들과 여생을 함께 보내서 그가 얻을 게 무엇일까? 다른 사목에게서 들은 이야기에서 그 물음의 답을 발견했다.

어느 날 선교회 문밖의 안뜰 바닥에 어떤 왜소하고 수척한 남자가 누워 있었다. 죽었거나 혼수상태인 듯 보였다. 흔히 그런 것처럼 그도 모종의 중독으로 혼절했거나 약 기운으로 잠에 취해 있었다. HIV에 걸린 듯 허약하고 병세가 짙은 그는 자신의 대소변에 뒤덮여 있었다. 안타깝게도 그런 남자가 드물지 않게 있었다. 그들은 술이나 마약 때문에 정신을 잃은 뒤 나중에 자신의 배설물 속에서 깨어나곤 했다. 이 남자는 깨어난 뒤에도 너무 기력이 없어 움직일 수 없었다. 어떤 사람들은 그의 곁을 지나가며 웃거나 심지어 조롱했고 어떤 사람들은 못본 척했다.

그런데 에드—그 깔끔하고 점잖은 박사—는 그 남자를 보더니 혼자 힘으로 일어날 수 없음을 알고 곁으로 다가갔다. 면바지 차림으로 몸을 구부려 그의 머리와 다리를 두 팔로 받치고는 아프지 않게 조심조심 들어 올렸다. 그리고 축축하고 불결한 그를 품에 바짝 안고 안으로 들여가 적절한 조치를 받게 했다. 그 이야기를 들은 뒤로 나는 에드가 이 선교회에 있는 이유를 다시는 의심하지 않았다. 그 일이 그에게 소명이란 걸 알았다.

헤밍웨이의 후회와 니글의 구속(救贖)

1961년 작가 A. E. 하치너(A. E. Hotchner)는 친한 친구인 어니스트 헤밍웨이(Ernest Hemingway)의 목숨을 어떻게든 살려 보려고 그를 만나러 갔다. 편집자이자 소설가인 하치너는 헤밍웨이의 전기 작가이기도 했다. 세금부터 옷까지 온갖 것에 대해 끝없이 늘어놓는 헤밍웨이의 불평을 듣고 나서 하치너가 친구에게 단도직입적으로 물었다. "파파(헤밍웨이가 자신에게 붙인 별명–역주), 왜 자살하려는 겁니까?"

그의 대답은 이랬다. "내 나이가 곧 예순둘인데 나 자신에게 약속했던 책과 이야기를 영영 쓸 수 없음을 깨달았으니 어쩌겠소? 한창때에 다짐했던 다른 일들도 하나도 할 수 없게 되었단 말이오."

하치너는 아직도 헤밍웨이 안에 위대한 작품이 있으며 파리에 대해 쓴 책(나중에 「파리는 날마다 축제」(A Movable Feast, 이숲 역간)로 간행되었다)도 훌륭하다며 그를 격려해 주었다. 하지만 헤밍웨이는 전혀 들으려 하지 않았다. 그 이야기도 대부분 오래전에 쓴 거라며 "그런데 이제 완성할 수가 없단 말이오"라고 말했다.

"하지만 어쩌면 그대로 완성된 것인지도 모릅니다. 그냥 마음이 내키지 않아서..."

"하치, 내가 내 기준으로 존재할 수 없다면 존재란 불가능하오. 알겠소? 나는 그렇게 살아왔고 그렇게 살아야만 하며, 그게 아니라면 살 수가 없단 말이오."

하치너가 그를 만난 것은 그게 마지막이었다. 1년 후 헤밍웨이는 총으로 자살했다.[1] 세상의 사랑을 받던 파파는 외롭고 우울하게 죽었다. 그는 베스트셀러를 여러 권 냈고 온 세계를 주유(周遊)했고 노벨 문학상을 받았으나 결국 그 모든 업적도 충분하지 못했다.

모든 사람은 일에 대한 자기 역량이 근본적으로 부족할 때를 직면한다. 모든 노동자는 자기 노동의 한계를 안다. 부름받은 사람은 누구나 그런 강박 속에 위험이 도사리고 있음을 안다. 그냥 두면 일이 당신을 파멸로 몰아갈 수 있다. 물론 강박은 사람의 창의성을 끌어내기도 한다. 그것은 포기하지 않겠다는 의지, 제대로 될 때까지 하나의 문구나 물감의 얼룩을 붙들고 늘어지겠다는 의지다. 당신을 밤늦도록 깨어 있게 하거나 아침 일찍 일어나게 하거나 아무도 보지 않을 프로젝트에 엄청난 시간을 쏟게 하는 그것, 바로 그 덕분에 훌륭한 작품이 나온다. 하지만 이런 강박에는 경고도 내포되어 있다.

의미 있는 일을 추구하다 보면 그 과정에서 자아를 상실해 버리고 싶은 유혹이 크다. 자아의 완전한 소멸, 그것이 중독의 약속이다. 자신과 자신의 창작품을 분리할 수 없게 되는 것이다. 하지만 이것은 위험 지대다. 직업에 임할 때 정말 중요한 일은 이 유혹을 인식하고 유리하게 활용하는 것이다. 모든 강박(強迫)이 소명은 아니지만, 당신의 평생의 일은 강박에 가까울 만큼 강한 충동으로 시작될 수 있다. 당신이 해야 할 일은 그것을 다스리는 것이다. 그것에 이끌리되 스스로 미치지 않도록 긴장 속에 살아가는 것이다. 직업에 지배당하지 않도록 직업을 지배하는 것이다. 일의 기술에 정통하려면 그 길밖에 없다. 그냥 두면 우리를 파멸로 이끌 자기 내면의 그 성향을 인식해야 한다.

이렇듯 파멸에 이를 수도 있다면 소명을 추구하는 게 무슨 소용인가? 일의 끝없는 부름과 삶 자체 사이의 긴장 속에서 어떻게 균형을 유지할 것인가? 우리는 자신이 모르는 부분을 인정해야 한다. 세계적으로 유명한 많은 예술가는 동시대인들에게 바보 취급을 당했다. 다행히 그들의 작품은 살아남았다. 어쩌면 때로 그들의 부족함에도 불구하고 말이다. 그들의 삶에서 우리는 중요한 교훈을 얻을 수 있다. 절망에 굴해서는 안 된다는 것이다. 성실하게 살면 정신적 유산도 따라온다는 사실을 믿어야 한다. 언제나 더 깊은 이야기가 있는 법이다.

—ᵐ—

20세기 최고의 공상소설 중 하나를 쓴 영국의 작가 J. R. R. 톨킨(J. R. R. Tolkien)은 그전에 제2차 세계대전 중 죽음에 대해 깊이 생각했다. 이런 난세에 자신이 살아남을 것인지 아니면 일생의 역작을 쓰다 말고 죽을 것인지 알 수 없었다. 작품이 미완으로 남을 수도 있다는 사실이 그를 괴롭혔다. 이 두려움을 떨치려고 톨킨은 니글(Niggle)이라는 사람에 관한 단편소설을 썼다.

니글은 화가인데 이웃들과 친구들이 자꾸 뭔가를 부탁하는 바람에 늘 작업이 중간에 끊긴다. 최고의 역작으로 나무 한 그루를 그리고 있던 그는 긴 "여정"(죽음의 은유)에 오를 날이 다가오자 그림을 다 완성하지 못할까 봐 걱정한다. 드디어 떠날 때가 되어 화폭을 보니 우려대로 미완이다. 작은 잎사귀 하나와 몇 군데 세부 필치뿐이다. 화가의 바람에도 불구하고 그림의 대부분은 끝내 이루어지지 않았다.

우리도 다 이런 회한에 공감할 수 있다. 그것은 미완의 프로젝트를 남기는 아픔이고, 다시는 그 일에 손대지 못하리라는 우려다. 하지만 톨킨의 이야기는 종결부에서 흥미롭게 반전된다. 니글이 여정을 마치고 내세에 들어가니 믿을 수 없는 광경이 눈앞에 펼쳐진다. 그가 그리다 만 나무가 자신이 상상했던 대로 더없이 아름다운 모습으로 그곳에 서 있었다.[2]

현세에 완성되지 못한 작품이 내세에 완성되었다.

중요한 작품을 속에 품은 채로 죽을까 봐 헤밍웨이처럼 두려워하는 사람들이 우리 중에도 많다. "우리는 다 미완성 교향곡으로 죽는다네." 어느 날 내 친구가 함께 아침을 먹다가 한 말이다. 평생 폭행을 일삼던 그의 아버지가 임종의 자리에서 건성으로 회개하려 했다고 한다. 친구에게 그것은 충분하지 못했고 충분해서도 안 된다. 하지만 그 순간 그는 어차피 툴툴 털어야 함을 깨달았다. 일이 해결되지 않더라도 적어도 이생에서는 받아들여야 했다. 니글도 똑같은 것을 배웠다.

당신도 분명히 미완의 작품을 남길 것이다. 당찬 야망을 품고 과감히 화단(壇)에 입문하지만, 결코 완성될 작품이란 없음을 아는 화가와 마찬가지다. 레오나르도 다 빈치의 말을 풀어쓰자면 우리는 결코 작품을 완성할 수 없으며 단지 버릴 뿐이다.[3] 모든 화가—우리도 다 인생이라는 화폭에 뭔가를 창조하고 있다—의 도전은 작업에 최선을 다하면서도 결과를 내려놓는 것이다. 그렇지 않으면 우리 자신도 미치고 주변 사람들도 미치게 하기십상이다. 진짜 비극은 그것이다. 세상에 미완의 작품을 남기는 게 아니라 일 때문에 삶다운 삶을 잃는 것이다. 올바른 선택은 그냥 뒤로 물러나 안주한 채 죽음을 부르는 게 아니라, 성심껏 열심히 일하되 한 생애에 할 수 있는 일의 한계를 인식하는 것이다.

죽음이 전하는 메시지

알베르트 아인슈타인은 죽기 직전까지도 안경을 달라고 해서 자신이 믿기에 가장 위대한 프로젝트를 계속 연구했다. 그는 한낱 현상들에는 관심이 없었고 자신의 표현으로 "하나님의 마음을 알고자" 했다.[4] 나머지는 다 지엽적인 것이었다.

나중에 "만물 이론"으로 알려진 이 이론은 물리학이 "신성의 표현"이라는 아인슈타인의 믿음에 기초한 것이다. 그는 모든 일의 배후에 원인이 있으며 하나님이 혼돈이 아닌 질서를 창조하셨다고 믿었다. 그래서 이 프로젝트에 30년을 바쳤고 생의 마지막 날까지 연구를 쉬지 않았다.[5]

아인슈타인과 헤밍웨이에게서 배우는 교훈이 있다. 인간은 죽음에 대한 건강한 두려움 덕분에 끝까지 창조에 매진할 수 있다. 하지만 자신의 평생의 일조차도 어떤 면에서 미완으로 남는다는 사실을 함께 수용해야 한다. 그 이유는 무엇이며, 우리를 겸허하게 하는 이 현실을 어찌할 것인가?

내 인생의 가장 자랑스러운 업적 중 하나는 아마 모교의 첫 윤리강령을 제정하는 데 동참한 일일 것이다. 1843년에 설립된 일리노이 대학에는 도덕과 학업 성취에 관한 공식 문건인 윤리강령이 없었다. 대다수 아이비리그 학교에는 그런 문건이 보편화 되어 있었지만, 우리의 작은 인문과학대학에는 그게 없었다.

한 교수가 학생회에 그 일을 제안한 뒤로 우리 학교에 왜 윤리강령이 없는지 알게 되었다. 그런 시도가 없어서가 아니었다. 한 직원이 윤리강령을 과거에 도입하려 했던 선배들의 명단을 주었다. 그들에게 일일이 연락해보았다. 그중 10년도 더 전에 학생 윤리강령을 제정하려 했던 한 여자 선배에게 이메일을 보내 정황을 물었더니 일이 무산된 이유가 너무 심한 관료주의 때문이라고 했다. 내게도 이것은 만만찮은 도전으로 다가왔다.

그 뒤로 1년 반 동안 친구 댄(Dan)과 나는 그 선배가 하지 못했고 어쩌면 할 수 없었던 일에 매달렸다. 그 선배의 말은 지극히 옳았다. 우리가 작성한 문건의 초안만도 수십 개 버전에 달했고, 늘 학생과 교수와 직원의 마음에 들게 수정해야 했다. 당장에라도 포기하고 싶었다. 모든 사람을 만족하게 할 방도란 없었다. 충분한 지지를 얻어내지 못해 문건이 부결될 것은 자명한 일이었다.

그래도 우리는 최선을 다했다. 학생회에 로비도 하고, 학보에 기사도 쓰고, 들을 마음이 있는 교수나 직원이라면 누구든 만났다. 드디어 우리가 졸업하던 해의 마지막 수업 날에 강령 안을 제출해 교수회의의 표결에 부쳤다. 과반수가 찬성하면 윤리강령이 제정되는 것이었다.

왜 이런 문건이 필요한가에 대해 열변을 토한 뒤 나는 투표 결과를 들으려고 강의실 밖에서 기다렸다. 회의는 1분 만에 끝나고 백여 명의 교수들이 쏟아져 나왔다. 윤리강령을 옹호했던 한 경제학 교수가 지나가다가 나를 보며 찡긋 윙크했다.

안도의 한숨이 절로 나왔다. 드디어 우리가 해낸 것이다.

하지만 일이 끝나려면 아직 멀었다. 우리는 그저 이론을 취해 공식화했을 뿐이다. 이제부터 강령이 시행되어야 했다. 각 위원회를 결성해 모든 절차를 시험해야 했다. 나는 조쉬(Josh)라는 다른 학생에게 바통을 넘겨주는 수밖에 없었다. 2학년인 그는 우리 학교에 대한 열정이 깊었고 학교 설립의 근간이 된 명예로운 전통을 존중했다. 나도 윤리강령을 위해 싸운 투사이긴 했지만, 그 일을 완성한 사람은 조쉬와 그의 동기생들이었다.

최근 에드 캐시에게 다시 연락했다. 그는 인근의 또 다른 구제선교회에서 이사장으로 일하고 있었다. 전화로 근황을 나누면서 그는 취침 시간이 더 줄어 매일 몇 시간밖에 못 잔다고 했고 아내가 그립다고 했다. 에드의

아내는 내가 그를 만나기 오래전에 세상을 떠났다. 그의 나이 이제 여든을 훌쩍 넘겼을 테니 아내를 사별한 지 10년도 더 되었다.

그는 "집에 갈" 날을 고대한다고 했다. 죽음은 그에게 슬픈 일이 아니라 오히려 아내와 곧 재회할 생각에 설레는 일이었다. 그렇다고 그는 가만히 앉아서 죽음이 오기만을 기다리고 있지는 않았다. 내 예상대로 에드는 이전 못지않게 활동적이었다. 가장 뿌듯한 일이 무엇이냐고 물었더니 뜻밖의 대답이 나왔다. 하지만 그게 뜻밖이어서는 안 된다.

밴더빌트 병원에서 일하던 시절에 대해 말했을까? 여러 공연장에서 노래하고 세계적으로 유명한 합창단들을 지도한 경험을 입에 올렸을까? 아니, 그런 말은 한마디도 없었다. 자신이 "아들"이라 부르는 노숙인들의 이야기만이 줄줄이 이어졌다. 그는 그들이 재활 과정을 마치고 건강한 삶을 영위하는 모습을 지켜보는 특권을 누렸다. 그것이 그의 유산이었고, 그 일은 그가 은퇴한 후 20년 동안 벌어졌다.

에드는 자신의 삶에 찾아온 뜻밖의 부름에 응답했다. 자신이 은퇴 후 노숙인 보호소에서 일하게 될 줄은 상상도 못했지만, 일단 필요가 눈에 띄자 그 일이 당연해 보였다. 아내를 사별한 뒤로 그는 비탄에 잠겼다. 그래서 불우한 이들을 섬기는 데 자유 시간을 다 쏟았다. 조디 놀런드처럼 그도 비극을 승리로 전환한 것이다. 친구의 소개로 그는 선교회에서 기회를 접했고 일종의 짧막한 도제 기간을 거쳤다. 지니 팽처럼 그도 처음에는 그 일이 불편했지만, 자꾸 할수록 더 잘 맞았다.

선교회에서 일하기로 한 결정이야말로 에드의 인생에서 가장 중요한 회전축이었다. 그것이 수백 명 어쩌면 수천 명의 삶의 변화라는 유산을 낳았다. 하지만 이 때문에 그가 물리치료사와 노래하는 사람과 헌신적 남편과 충실한 교인으로서 보낸 세월을 경시해서는 안 된다. 조디 마베리처럼 에드의 소명도 한 가지가 아니라 인생 전체이며 무한한 파급 효과를 낳는 포트폴리오다.

그렇다, 우리는 다 미완성 교향곡으로 죽으며 일은 결코 완성되지 않는다. 하지만 우리네 인생의 관건은 자신과 자신이 이바지할 수 있는 일 이상이어야 한다. 그 부름을 듣는다면 당신은 죽음이 닥쳐와도 불안하지 않고 평안할 것이다. 혼자서는 자원이 부족해 부름받은 일을 완수할 수 없음을 당신도 우리 모두처럼 깨달을 것이다. 약속의 땅 언저리에 도착해서도 당신의 힘으로는 거기에 들어갈 수 없다. 당신이 평생을 바쳐 본궤도에 올리려 애쓴 프로젝트나 회사는 더 많은 관리와 자금이 있어야 다음 단계로 갈 수 있다. 당신의 시간이 끝나도 소명의 일은 끝나지 않는다.

그 시점에서 당신은 절망 중 포기해 일을 단념할 수도 있고, 아니면 일을 전수할 길을 찾을 수도 있다. 후자의 경우 벤과 크리스티 칼슨처럼 팀을 만드는 방법도 있고, 기관을 창설해 당신의 영향력을 배가하는 방법도 있다. 당신도 우간다의 샘처럼 사랑하는 이들을 위해 더 좋은 미래를 계획할 수 있다. 우리는 평생의 일을 공유해야 하고, 죽는 날까지는 끝난 게 아님을 받아들여야 한다. 그럴 때 자신의 잠재력을 실현할 뿐 아니라 다른 사람들의 잠재력 실현까지 도울 수 있다. 성공이란 당신의 인생으로 무엇을 하느냐의 문제라기보다 무엇을 뒤에 남기느냐의 문제이다. 소명이란 중요한 유산을 남기는 것인지도 모른다.

에드 캐시의 이야기는 어떻게 한 사람이 다른 사람들에게 투자하여 변화를 이루어낼 수 있는지를 예시해 준다. 어떻게 당신의 소명을 더 의지적으로 다른 사람들과 공유할 수 있겠는가? 시작은 당신이 하지만, 다른 사람들이 끝마쳐야 할 일은 무엇인가? 당신을 도울 수 있는 사람과 당신이 도울 수 있는 사람은 각각 누구인가?

부록

- 가슴 뛰는 인생을
- 꿈꾸는 당신에게

"천직은 하나의 명작이 아니라 인생 전체라는 걸작이다"

천직을 일구어가는 일곱 가지 특성은 공식이 아니라 당신이 이미 걷고 있는 길에 대한 설명이다. 이 내용을 통해 이제 당신에게 자신의 천직을 설명할 어휘가 생겼기를 바라고, 그 천직이 무엇인지 더 잘 알게 되었기를 바란다. 하지만 그다음에 내디딜 걸음은 어떤가? 정말 자신에게 소명이 있음을 깨달았고 그래서 한시도 허비할 마음이 없다고 하자. 당신이 따를 수 있는 출발 과정과 일련의 단계가 있는가?

여태까지 보았듯이 당신 가슴을 뛰게 하는 천직을 만들어가는 여정은 신비로우면서도 실제적이다. 이 책의 제1부에서는 준비하는 법을 살펴보았다. 제2부에서는 소명을 발견한 사람들이 어떻게 실행에 임하는지 보았다. 제3부에서는 다른 사람들과 공유해야 함을 알아보았다.

여러분도 도전해 보기 바란다.

7단계와 교훈 (장별 요약)

❶ **인식** 무엇을 하고 싶은지 당신의 삶에 말할 수 있으려면 먼저 삶의 말부터 들어야 한다.

❷ **도제** 모든 성공담은 공동체의 이야기다. 멘토를 만나기는 어렵지만 우연한 도제의 기회는 어디에나 있다. 현재의 삶은 미래를 위해 당신을 준비시켜 준다.

❸ **연습** 진정한 연습에는 고통이 따른다. 시간뿐 아니라 의지적 노력이 필요하다. 하지만 성미에 잘 맞는 일도 있다. 마음을 열고 새로운 기술을 배우라. 당신을 이끌어 줄 감화의 불꽃에 주목하라.

❹ **발견** 도약하기보다 다리를 놓아라. 평생의 천직은 결코 "그냥 아는" 게 아니다. 발견은 단계별로 이루어진다.

❺ **직업** 실패는 당신의 가장 좋은 친구다. 장애물을 억지로 밀어붙일 게 아니라 회전축을 활용해 우회하라. 실패하거나 거부당할 때마다 거기서 뭔가를 배우라. 성공의 계절은 대개 실패의 계절 후에 찾아온다.

❻ **숙련** 천직은 딱 한 가지가 아니라 여러 가지다. 당신의 직업만이 아니라 당신의 인생 전체를 아우르는 포트폴리오다.

❼ **유산** 천직이란 당신이 하는 일만이 아니라 당신이 되어가는 사람이고 당신이 남기는 유산이다.

천직을 발견했을 때의 7가지 징후

❶ 친숙하다. 천직을 발견하려면 장차 할 일을 내다보기만 할 게 아니라 또한 여태까지 해온 일을 돌아보아야 한다.

❷ 다른 사람들이 알아본다. 때로 천직은 우리를 가장 잘 아는 사람들에게 가장 똑똑히 보인다.

❸ 도전적이다. 아무나 할 수 없을 만큼 어려워야 한다.

❹ 믿음을 요구한다. 너무 뻔해서 쉽게 설명할 수 있어서는 안 된다. 신비로워야 한다.

❺ 시간이 걸린다. 거듭되는 실패를 통해 바른 방향을 찾아 나가야 천직을 발견할 수 있다.

❻ 천직은 한 가지 이상이며 나머지 삶과 잘 통합된다. 삶의 가장 중요한 부분들과 경쟁 관계가 아니라 서로 보완을 이룬다.

❼ 천직은 당신보다 크다. 사람들과 팀을 이루지 않고 혼자서는 성취할 수 없을 만큼 큰 일이라야 한다.

친애하는 독자에게,

　당신 가슴을 뛰게 할 천직을 발견하는 여정에 동참해 준 당신에게 감사드린다. 이 책에 실린 이야기들의 감화와 격려에 힘입어 당신도 자신의 소명을 찾게 되기를 바라고 이미 그 길에 들어서 있기를 바란다. 아울러 artofworkbook.com에 방문해 당신의 이야기도 나누고 그곳의 자원도 활용하면 좋을 것이다. Goinswriter.com을 통해서도 내게 연락할 수 있다.

다시 한 번 감사드리며,
제프 고인스

감사의 말

인내심이 무한한 아내 애슐리에게 깊이 감사한다. 내가 제일 좋아하는 편집자이기도 한 아내가 수많은 오류를 잡아내 주지 않았다면 당신은 여기까지 읽기도 전에 책을 내려놓았을 것이다. 꼬마 친구 에이든에게도 감사한다. 아들은 내가 책을 탈고하느라 밤과 주말에 몇 번씩 집을 비운 동안 씩씩하게 잘 지내 주었다.

이 책을 출간해 주고 숱한 밤 대화로 나를 벼랑 끝에서 구해 준 조엘 밀러(Joel Miller)에게 어찌 다 감사해야 할지 모른다(그는 정말 상담자가 되어도 손색이 없을 만큼 그 일에 뛰어나다). 우리를 소개해 준 마이클 하얏트(Michael Hyatt)에게 감사한다. 브라이언 햄턴(Brian Hampton), 채드 캐넌(Chad Cannon), 캐서린 롤리(Katherine Rowley), 벨린다 배스(Belinda Bass), 케이티 보트먼(Katy Boatman), 에밀리 라인버거(Emily Lineberger) 등 이 책을 완성시켜 준 토마스 넬슨의 모든 팀원에게 감사한다.

내 출판 대리인 마크 오스트레이커(Mark Oestreicher)에게 감사한다. 그는 대리인의 직무 외에도 여러 가지 도움을 주었다. 이 책의 제목도 그가 지었다. 나 자신의 소명을 발견하는 과정에 귀한 멘토가 되어 준 그에게 감사한다. 폴 마틴(Paul Martin)을 언급하지 않을 수 없다. 그는 최초로 나 자신을 작가라 부르게 해준 사람이다.

교정본마다 일일이 다듬어 준 크리스틴 나일즈(Christine Niles)에게 감사한다. 내가 인용문의 출처를 워낙 잘 잊어버려, 그것을 밝혀내는 귀찮은 일도 그녀가 다 해주었다. 이번 책도 잘 끝내도록 도와준 매리언 로치 스미스(Marion Roach Smith)에게 감사한다. 과정 내내 비평과 격려를 아끼지 않은 "나의 5백 단어 공동체"도 물론 빼놓을 수 없다. 혼돈 자체인 내 삶을 관리해 준 제이미 헤스(Jamie Hess)에게 감사한다. 그녀가 아니었다면 아무 것도 할 수 없었을 것이다!

이 책에 자신의 이야기를 싣게 해준 모든 분에게 감사한다! 재미있지만 한편 아찔한 프로젝트였는데 그들의 경험 덕분에 정말 책이 살아났다.

나의 부모인 키스와 로빈 고인스(Keith & Robin Goins)에게 감사드린다. 두 분의 격려 덕분에 최선을 다하되 나 아닌 존재가 되려 할 필요는 없었다. 처가 식구들인 팸(Pam), 팻(Pat), 애런(Ahron), 캐시(Kathy)의 한결같은 응원에도 감사한다!

끝으로 내게 은혜와 자비를 베푸시고 할 말이 없을 때 할 말을 주신 하나님께 감사드린다. 그리고 시간을 내어 책을 끝까지 읽어 준 친애하는 독자인 당신에게 감사한다. 그것이 내게 얼마나 소중한지 모른다. 이 책이 당신에게 도움이 되었기를 바란다.

프롤로그

1 "Rush—Miller Foundation," Rush—Miller Foundation, 2014년 8월 1일 접속, http://rushmillerfoundation.org/.

2 Patrice O'Shaughnessy, "Profiles: One Bike at a Time," Nursingcenter.com, 2014년 8월 1일 접속, http://www.nursingcenter.com/lnc/JournalArticle?Article_ID=756067.

3 "Rush—Miller Foundation."

4 Matt King, Team King, 2014년 8월 1일 접속, http://thekinglink.com/.

5 Loretta Sword, "Blindness Poses No Barrier to Determined Family," 2001년 6월 24일 Cheyenne Mountain Triathlon, 2014년 8월 1일 접속, http://rushmillerfoundation.org/images/PhotAlb/Cheyenne2001/Chey2001.htm.

6 2014년 2월 18일 내가 에릭 밀러와 개럿 러시-밀러를 전화로 인터뷰한 내용이다. 따로 명시하지 않은 한 모든 인용문은 인터뷰에서 따왔고, 배경 설명은 기존의 자료를 참조하되 에릭과 개럿에게 재확인을 거쳤다.

01. 삶의 소리를 들어라

1 Jody Noland, *Leave Nothing Unsaid* (2007), http://leavenothingunsaid.com. 인용문 중 전화 인터뷰에서 따오지 않은 말은 모두 조디가 자비로 출판한 이 교재에 나온다. 그녀의 웹사이트에서 살 수 있다.

2 2014년 2월 20일에 내가 조디 놀런드와 전화로 인터뷰한 내용이다.

3 Jim Cash, Jack Epps Jr., & AJ Carothers, The Secret of My Success, Herbert Ross 감독 (Universal City, CA: Universal Pictures, 1987), DVD.

4 Susan Adams, "Unhappy Employees Outnumber Happy Ones by Two to One Worldwide," 2013년 10월 10일 Forbes.com, 2014년 7월 30일 접속, http://www.forbes.com/sites/susanadams/2013/10/10/unhappy-employees-outnumber-happy-ones-by-tow-to-

one-worldwide/.

5 Viktor E. Frankl, *Man's Search for Meaning* (Boston: Beacon Press, 2006). (『죽음의 수용소에서』청아출판사 역간)

6 같은 책.

7 Brennan Manning, *Ruthless Trust: The Ragamuffin's Path to God* (San Francisco: HarperSanFrancisco, 2000). (『신뢰』복있는 사람 역간)

8 Frederick Buechner, *Now and Then: A Memoir of Vocation* (Cambridge, MA: Harper & Row, 1983).

9 Parker J. Palmer, *Let Your Life Speak: Listening for the Voice of Vocation* (San Francisco: Jossey-Bass, 2000). (『삶이 내게 말을 걸어올 때』한문화 역간)

10 Bob Thomas, *Walt Disney: An American Original* (New York: Simon and Schuster, 1976), 39.

02. 멘토를 만나라

1 2014년 1월 22일에 내가 지니 팽을 온라인으로 인터뷰한 내용이다.

2 John Donne, "Meditation XVII," Wikisource, 2014년 8월 1일 접속, http://en.wikisource.org/wiki/Meditation_XVII.

3 Paulo Coelho, *The Alchemist* (New York: HarperCollins, 2007). (『연금술사』문학동네 역간)

4 Margot Adler, "Apprenticeship, Illumination in a Modern-Day Atelier," Weekend Edition, NPR, 2008년 4월 12일.

5 Karin Lipson, "A Medieval Skill Is Nurtured in Gold-Leaf Splendor," NYTimes.com, 2011년 1월 1일, http://www.nytimes.com/2011/01/02/nyregion/02artsli.html?_r=0.

6 Adler, "Apprenticeship, Illumination."

7 같은 기사.

8 같은 기사.

9 Eric Westervelt, "The Secret to Germany's Low Youth Unemployment," NPR, 2012년 4월 4일, http://www.npr.org/2012/04/04/149927290/the-secret-to-germanys-low-youth-unemployment.

10 Walter Issacson, *Steve Jobs* (New York: Simon & Schuster, 2011). (「스티브 잡스」 민음사 역간)

11 지니 팽을 인터뷰한 내용이다.

12 John Burroughs, BrainyQuote, 2014년 8월 1일 접속, http://www.brainyquote.com/quotes/quotes/j/johnburrou119899.html.

13 지니 팽을 인터뷰한 내용이다.

03. 고통스럽게 연습하라

1 Dave Emke, "Chasing Her Dream," 2010년 2월 4일 Post-Journal, 2014년 8월 1일 접속, http://www.post-journal.com/page/content.detail/id/550489/Chasing-Her-Dream.htm?nav=5018.

2 "American Idol Reject Stephanie Fisher," 2010년 2월 3일 유튜브 동영상, 2:53, 게시자 "Give Peace a Chance," 2014년 8월 1일 접속, https://www.youtube.com/watch?v=MtlEGMbDdlw.

3 같은 동영상.

4 "Seven 'American Idol' Rejects Who Made It Big," 2013년 1월 16일 Toofab, 2014년 8월 1일 접속, http://www.toofab.com/2013/01/16/seven-american-idol-rejects-who-made-it-big-naya-rivera-amber-riley-colbie-caillat-hillary-scott. 아울러 다음 기사도 참조하라. "Colbie Caillat Music—All about Colbie, Music, Pictures & Info," Colbie Caillat Music, 2014년 8월 1일 접속, http://www.colbiecaillatmusic.com/.

5 Geoffrey Colvin, *Talent Is Overrated: What Really Separates World-Class Performers from Everybody Else* (New York: Penguin, 2008). (「재능은 어떻게 단련되는가?」 부키 역간)

6 Geoffrey Colvin, "Why Talent Is Overrated," 2008년 10월 21일 Fortune Magazine, 2014년 8월 1일 접속, archive.fortune.com/2008/10/21/magazines/fortune/talent_colvin.fortune/index.htm.

7 "Seven 'American Idol' Rejects Who Made It Big."

8 Carol S. Dweck, *Mindset: The New Psychology of Success* (New York: Random House, 2006). (「성공의 새로운 심리학」 부글북스 역간)

9 같은 책.

10 K. Anders Ericsson, Ralf Th. Krampe & Clemens Tesch-Romer, "The Role of Deliberate Practice in the Acquisition of Expert Performance," Psychological Review (100, no.3 1993): 363-406.

11 Daniel Coyle, *The Talent Code: Greatness Isn't Born. It's Grown. Here's How* (New York: Random House, 2009). (『탤런트 코드-재능을 지배하는 세 가지 법칙』 웅진지식하우스 역간)

12 같은 책.

13 Ericsson, Krampe & Tesch-Romer, "The Role of Deliberate Practice."

14 같은 기사.

15 같은 기사.

16 Kim Wilson, Kelly Candaele, Lowell Ganz & Babaloo Mandel, A League of Their Own, Penny Marshall 감독 (United States: Sony Pictures Home Entertainment, 1992), DVD.

17 Ericsson, Krampe & Tesch-Romer, "The Role of Deliberate Practice."

18 2013년 12월 13일에 내가 마틴 체임벌린을 전화로 인터뷰한 내용이다.

19 David J. *Epstein, The Sports Gene: Inside the Science of Extraordinary Athletic Performance* (New York: Penguin, 2013).

20 2014년 2월 19일에 내가 대니얼 코일을 온라인으로 인터뷰한 내용이다.

21 James C. Collins & Morten T. Hansen, *Great by Choice: Uncertainty, Chaos, and Luck: Why Some Thrive Despite Them All* (New York: HarperCollins, 2011). (『위대한 기업의 선택』 김영사 역간)

22 Ericsson, Krampe & Tesch-Romer, "The Role of Deliberate Practice."

23 "William Hung American Idol Audition—SHE BANGS!" 2007년 8월 13일 유튜브 동영상, 1:40, 게시자 "Ben Lee," 2014년 8월 1일 접속, https://www.youtube.com/watch?v=2Qkas9mlMgE.

24 Wikipedia, "William Hung" 항목, 2014년 4월 최종 수정, http://en.wikipedia.org/wiki/William_Hung.

25 "William Hung Interview," 2008년 3월 18일 유튜브 동영상, 2:42, 게시자 "StevenWard," https://www.youtube.com/watch?v=qOcwvR8WWoo&feature=player_embedded.

26 Daniel Kohn, "William Hung Speaks, Fresh off Being Crowned the Greatest Musician of All Time, in Any Genre," LA Weekly, 2012년 1월 16일, http://www.laweekly.com/westcoastsound/2012/01/16/william—hung—speaks—fresh—off—being—crowned—the—greatest—musician—of—all—time—in—any—genre.

27 "William Hung Interview," 유튜브 동영상.

28 Kohn, "William Hung Speaks."

29 "William Hung—She Bangs Speech—Toastmasters—Founders District," 2013년 9월 26일 유튜브 동영상, 4:39, 게시자 "Chris David," https://www.youtube.com/watch?v=FQctx—n—FTA.

30 같은 동영상.

추가 자료:

Samantha Grossman, "American Idol's William Hung: Where Is He Now?" 2012년 1월 19일 Time.com, 2014년 8월 1일 접속, http://newsfeed.time.com/2012/01/19/american—idols—william—hung—where—is—he—now/.

Mireya Navarro, "Missing: Asian—American Pop Stars," 2007년 3월 4일 NYTimes.com, http://www.nytimes.com/2007/03/04/world/americas/04iht—singer.4787848.html.

Corey Moss, "William Hung's Sales Figures Are Nothing to Laugh At," 2004년 4월 12일, MTV.com, http://www.mtv.com/news/articles/1486330/william—hung—cd—actually—selling—well.jhtml.

04. 과감한 발걸음을 내딛어라

1 2014년 1월 14일에 내가 벤과 크리스티 칼슨을 이메일로 인터뷰한 내용이다.

2 Long Miles Coffee Project, 2014년 8월 2일 접속, http://www.longmilescoffeeproject.com/.

3 Frederick Buechner, *Now and Then: A Memoir of Vocation* (Cambridge, MA: Harper & Row, 1983).

4 사무엘상 1—3장.

5 2014년 1월 22일에 내가 지니 팽을 온라인으로 인터뷰한 내용이다.

6 "Burundi: Belgian Colonial Rule (1916−1962)," EISA (Electoral Institute for Sustainable Democracy in Africa), 2010년 4월, http://eisa.org.za/WEP/buroverview3.htm.

7 Michael B. Sauter, Alexander E. M. Hess & Samuel Weigley, "The 10 Poorest Countries in the World," Fox Business, 2012년 9월 14일, http://www.foxbusiness.com/markets/2012/09/14/10−poorest−countries−in−world/.

8 Brent Swails & Oliver Joy, "Burundi's Coffee Culture 'the Difference Between Food and Hunger,'" CNN, 2013년 11월 19일, http://edition.cnn.com/2013/11/19/business/burundis−coffee−culture.

9 Sauter, Hess & Weigley, "The 10 Poorest Countries in the World."

10 Johnstone S. Oketch & Tara Polzer, "Conflict and Coffee in Burundi," Scarcity and Surfeit, 2013년 9월 19일, http://www.issafrica.org/pubs/Books/ScarcitySurfeit/Chapter3.pdf, 84−156.

11 Thompson Owen & Christopher Schooley, "Rwanda+Burundi Fundamentals," Coffeeshrub.com, 2014년 8월 1일 접속, http://www.coffeeshrub.com/shrub/content/rwanda−burundi−fundamentals.

12 2014년 8월 4일에 내가 브라이언 얼레인을 온라인으로 인터뷰한 내용이다.

13 칼슨 부부를 인터뷰한 내용이다.

05. 회전축을 활용하라

1 2014년 2월 20일에 내가 매트 맥윌리엄스를 온라인으로 인터뷰한 내용이다.

2 Nicholas Carlson, "Inside Groupon: The Truth About the World's Most Controversial Company," Business Insider, 2011년 10월 31일, http://www.businessinsider.com/inside−groupon−the−truth−about−the−worlds−most−controversial−company−2011−10.

3 같은 기사.

4 Alistair Barr & Clare Baldwin, "Groupon IPO: Company Raises $700 Million, Valued at $12.8 billion," Huffington Post, 2011년 11월 4일, http://www.huffingtonpost.com/2011/11/04/groupon−ipo−biggest−since−google_n_1075374.html.

5 Robert Greene, *Mastery* (New York: Penguin, 2012). (「마스터리의 법칙」살림Biz 역간)

6 Ira Stoll, *Samuel Adams: A Life* (New York: Simon & Schuster, 2008).

7 같은 책.

8 같은 책.

9 Brennan Manning, *Ruthless Trust: The Ragamuffin's Path to God* (San Francisco: HarperSanFrancisco, 2000). (「신뢰」복있는 사람 역간)

10 Pedro Calderon de la Barca, Life Is a Dream: La Vida Es Suen& 771;o (Public Domain, 1635). (「인생은 꿈입니다」지만지 역간)

11 Eric Metaxas, *Bonhoeffer: Pastor, Martyr, Prophet, Spy: A Righteous Gentile vs. the Third Reich* (Nashville: Thomas Nelson, 2010), 337. (「디트리히 본회퍼」포이에마 역간)

12 Eberhard Bethge, *Dietrich Bonhoeffer: Eine Biographie* (Minneapolis: Fortress Press, 2000), 736. (「디트리히 본회퍼」복있는 사람 역간)

13 Metaxas, Bonhoeffer, 530-532.

14 같은 책, 123-24.

06. 포트폴리오 인생을 꿈꾸라

1 2014년 5월 12일에 내가 조디 마베리를 온라인으로 인터뷰한 내용이다.

2 Thomas Fisher, "The Contingent Workforce and Public Decision Making," Public Sector Digest, 2012년 3월: 46-48. 다음의 몇 가지 기사와 기타 간행물에도 비슷한 예측이 제시되었다. Jeff Wald, "How an Exploding Freelance Economy Will Drive Change in 2014," Forbes. com, 2013년 11월 25일, http://www.forbes.com/sites/groupthink/2013/11/25/how-an-exploding-freelance-economy-will-drive-change-in-2014/. Elaine Pofeldt, "What You'll Need to Know to Be the Boss in 2020," Forbes.com, 2012년 4월 3일, http://www.forbes. com/sites/elainepofeldt/2012/04/03/what-youll-need-to-know-to-be-the-boss-in-2020. Ryan Kim, "By 2020, Independent Workers Will Be the Majority," Gigaom, 2011년 12월 8일, http://gigaom.com/2011/12/08/mbo-partners-network-2011.

3 Charles B. Handy, *The Age of Unreason* (Boston: Harvard Business School Press, 1989). (「비이성의 시대」21세기북스 역간)

4 같은 책.

5 Hara Estroff Marano, "The Power of Play," Psychology Today, 2013년 1월 28일, http://www.psychologytoday.com/articles/199907/the-power-play.

6 Natalie Cooper, "Lessons in Leadership, Work and Wellbeing 05/09/2013," changeboard.com, 2013년 5월 9일, http://www.changeboard.com/content/4237/career-development/personal-branding/lessons-in-leadership-work-and-wellbeing/.

7 Peter M. Senge, *The Fifth Discipline: The Art & Practice of the Learning Organization* (New York: Doubleday/Currency, 1990). (「학습하는 조직」에이지21 역간)

8 Dorothy Sayers, "Why Work?" 2014년 8월 2일 접속, http://www.faith-at-work.net/Docs/WhyWork.pdf.

9 같은 기사.

10 Mihaly Csikszentmihalyi, *Flow: The Psychology of Optimal Experience* (New York: Harper & Row, 1990). (「몰입, flow」한울림 역간)

11 같은 책.

12 마베리를 인터뷰한 내용이다.

13 2014년 1월 6일에 조디 마베리가 "Finding My Calling"이라는 제목으로 내게 보내온 이메일의 내용이다.

07. 진짜 일은 인생 전체를 통해 만들어진다

1 Patrick Sheane Duncan, Mr. Holland's Opus, Stephen Herek 감독 (Burbank, CA: Buena Vista Home Entertainment, 1999), DVD.

2 같은 영화.

3 John Lennon, "Beautiful Boy (Darling Boy)," Double Fantasy, Geffen Records, 1981년 4월 11일.

4 May Sarton, *Collected Poems*, 1930-1993 (New York: W. W. Norton, 1993).

5 Ezra Pound, *Poems and Translations* (New York: Literary Classics of the United States, 2003).

6 Gloria Stronks, "Where Does the World Need Me?" Cardus, 2013년 12월 27일, http://

www.cardus.ca/comment/article/4124/where-does-the-world-need-me/.

7 Oliver Wendell Holmes, *The Writings of Oliver Wendell Holmes: The Poetical Works* (Boston: Riverside Press, 1891), 247.

8 Mike Rich, Finding Forrester, Gus Van Sant 감독 (Culver City, CA: Columbia TriStar Home Video, 2000), DVD.

9 Stephen King, *On Writing: A Memoir of the Craft* (New York: Scribner, 2000). (「유혹하는 글쓰기」 김영사 역간)

10 같은 책.

11 Jennifer Crittenden, "And Maggie Makes Three," The Simpsons, 시즌6 제13회, Swinton Scott 연출, 1995년 1월 22일 방영.

에필로그

1 A. E. Hotchner, *Papa Hemingway: A Personal Memoir* (New York: Random House, 1966).

2 J. R. R. Tolkien, *Tree and Leaf* (Boston: Houghton Mifflin, 1965).

3 레오나르도 다 빈치의 말, BrainyQuote, 2014년 8월 2일 접속, http://www.brainyquote.com/quotes/quotes/l/leonardoda380290.html.

4 "Einstein's Unfinished Symphony," BBC, 2014년 9월 15일 접속, http://www.bbc.co.uk/sn/tvradio/programmes/horizon/einstein_symphony_prog_summary.shtml.

5 같은 프로그램.